苏州大学文学院学术文库

江苏高校优势学科建设工程项目资助

基于教学行为分析的
体演文化教学法理论与实证的研究

姜　晓 / 著

苏州大学出版社
Soochow University Press

图书在版编目(CIP)数据

基于教学行为分析的体演文化教学法理论与实证的研究 / 姜晓著. —苏州：苏州大学出版社,2020.8
(苏州大学文学院学术文库)
ISBN 978-7-5672-3143-6

Ⅰ.①基… Ⅱ.①姜… Ⅲ.①汉语—口语—对外汉语教学—教学研究 Ⅳ.①H195.3

中国版本图书馆 CIP 数据核字(2020)第 068213 号

书　　名：	基于教学行为分析的体演文化教学法理论与实证的研究
	JIYU JIAOXUE XINGWEI FENXI DE TIYAN WENHUA JIAOXUEFA LILUN YU SHIZHENG DE YANJIU
著　　者：	姜　晓
责任编辑：	李寿春
助理编辑：	冯　云
装帧设计：	刘　俊
出版发行：	苏州大学出版社(Soochow University Press)
社　　址：	苏州市十梓街1号　邮编：215006
网　　址：	www.sudapress.com
邮　　箱：	sdcbs@suda.edu.cn
印　　装：	苏州工业园区美柯乐制版印务有限责任公司
邮购热线：	0512-67480030　销售热线：0512-67481020
网店地址：	https://szdxcbs.tmall.com/(天猫旗舰店)
开　　本：	700 mm×1 000 mm　1/16　印张：14　字数：230 千
版　　次：	2020 年 8 月第 1 版
印　　次：	2020 年 8 月第 1 次印刷
书　　号：	ISBN 978-7-5672-3143-6
定　　价：	58.00 元

凡购本社图书发现印装错误，请与本社联系调换。服务热线：0512-67481020

"苏州大学文学院学术文库"系列丛书
学术委员会

主 任

王 尧　　曹 炜

委 员

（按姓氏笔画排序）

马亚中　　刘祥安　　汤哲声　　李 勇
季 进　　周生杰　　徐国源

总　序

苏州，江左名都，吴中腹地，自古便是"书田勤种播"之地。文人雅士为官教谕之暇，总爱闭户于书斋，以留下自己若干卷丹铅示于时贤后人自娱。这种风雅传统至今依然延续在苏州大学文科院系，自其他大学文学院调至苏州大学文学院执教的前辈学者不免感叹"此地著书立说之风甚浓"了。

苏州大学文学院"中国语言文学"为省优势学科，建设的内容之一是高水平学术著作的出版，"苏州大学文学院学术文库"（以下简称"文库"）便是学科建设的成果。出版文库的宗旨是：通过对有限科研资助经费的合理调配使用，进一步全面地展示与总结文学院教师的学术研究成果，以推进和强化学科建设，特别是促进学院新生学术力量的成长——这些目前尚属于"雏鹰"的新生学术力量便是文学院的未来。

文库的组织运行工作自2019年9月启动，第一批文库书籍在三个月内已先后同苏州大学出版社签订了出版协议。由于经费有限，在张罗文库之初，文库学术委员会明确：学术委员会成员的学术成果暂不列入文库出版阵容；首批出版的学术文库向副教授、青年讲师以及刚入职的青年教师倾斜，教授的学术研究成果往后安排。文库的组织出版应该是一项常态工作，每年视经费情况，均会推出一批著作。为贯彻本丛书出版宗旨，扩大我院学术影响，学院将对本丛书中已出版的各种成果加强宣传，推荐评奖，并对获得重大奖项者予以奖励。

为加强对文库出版工作的组织和领导工作，文库学术委员会设立了初审和复审小组，遴选学术著作。孙宁华、杨旭辉、王建军、吴雨平、王耘和张蕾等参加初审工作，王尧、曹炜、马亚中、汤哲声、刘祥安、季进、徐国源、李勇和周生杰等参加复审工作，袁丽云、陈实、周品等参与了部分具体事务。现在，经学院上下一起努力，文库第一批书籍付梓在即，这无疑是所有参与者心血的结晶。我们希望,借助这个平台,进一步激发文学院教师的科研热情,并为所有研究人员学术成果的及时面世创造条件。

为了文库出版工作的持续顺利运行,为了文学院学术影响力的不断提升,让我们全体同人携起手来!

王 尧　曹 炜

2020 年 4 月 28 日

前　言

在第二语言教学法的历史演进过程中，专家、学者一直试图寻找一种"放之四海而皆准"、适合任何学习者的教学方法。著名语言学家道格拉斯·布朗曾表示，语言教育者几乎把所有的精力都集中在了教学方法上，并试图寻找某种好的方法来解决语言教学中的一切问题。因此，在世界语言教学法的演进历史上，多种多样的语言教学法不断涌现，先后出现了翻译法、直接法、听说法、情境法、全身反应法、交际法等。这些教学法都在语言教学中发挥了不同的作用，对教学实践产生了不同程度的影响，进而形成了语言学界熟知的各种教学流派。然而，研究者慢慢发现，没有任何一种教学法可以自始至终地贯彻于整个语言教学过程之中，语言教学中并不存在可以解决一切问题的教学法。

如今，现代语言教学已经进入后教学法时代，即教学工作者不再局限于使用一种教学法，而是根据具体教学要求，融合各种教学法，变为己用。赵金铭说："语言教学需要的不是一种教学理论或一种教学方法，而是一个更大的研究框架，其中多种教学理论并存，多种教学模式共现，各种教学方法各有所用。需要我们决定的是某种教学模式适合什么教学对象，某种教学方法用在什么层次上，不能把一种具体的、局部的研究领域所取得的教学模式或方法，应用到整个语言教学。"因此，深刻理解各种教学法的优缺点，因地制宜地加以借鉴，这才是当今语言教学界需要关注的问题。

体演文化教学法是美国俄亥俄州立大学东亚语言文学系独创的一种新兴而高效的第二语言教学法。该教学法强调，以体演为主要教学手段，引导学生自发学习行为文化，逐步了解中国的语言文化知识，最终掌握恰当运用汉语进行交际的能力。在短短数十年间，体演文化教学法凭借其新颖的教学理念和严谨的教学方法，使学习者在短期内迅速达到流畅的汉语口语水平，在美国汉语教学界名声大噪。

笔者慕名前往俄亥俄州立大学东亚语言文学系，跟随体演文化教学法的主要创始人吴伟克教授深入学习了此教学法一年，详细观摩并记载了该校教师使用此教学法讲授汉语的全过程。通过一系列理论与教学实践的细致研究，笔者认为：体演文化教学法在汉语口语教学方面颇具研究和借鉴价值。如果能取其精华，将之运用到国内汉语教学之中，势必能为我国"后教学法时代"的汉语教学法体系添砖加瓦。

本书主要从以下几个方面展开了对体演文化教学法的探讨与研究：

首先，本书从微观视角出发，从体演文化教学法的实践操作——教师课堂教学行为入手，研究该教学法独有的课堂实践行为，分析教师行为背后的理论依据。

其次，本书根据教师课堂教学行为的理论研究成果，对体演文化教学法的理论体系进行了全方位的构建与梳理，分别从哲学、语言学、心理学、二语习得理论、教学论等角度，详细构拟了宏观的体演文化教学法理论框架。

再次，本书尝试将体演文化教学法运用到国内短期强化汉语课程与高级汉语综合课程之中。实证研究证明，此教学法适用于国内汉语教学，值得借鉴与推广。

最后，本书提出了如何将体演文化教学法应用到国内汉语口语教学中的初步设想，并对其进行了可行性分析。

姜　晓

2019 年 9 月

目 录

第一章 绪论 / 001

第一节 选题缘起 / 001

第二节 国内外研究综述 / 005

第三节 体演文化教学法研究综述 / 015

第四节 研究思路与方法 / 017

第二章 体演文化教学法概述 / 020

第一节 体演文化教学法的形成背景 / 020

第二节 体演文化教学法的内涵 / 026

第三节 体演文化教学法的教学模式 / 037

第四节 体演文化教学法与其他教学法的比较 / 047

第三章 ACT 课型（演练课）的教师教学行为研究 / 052

第一节 ACT 课型（演练课）的教师呈示行为研究 / 052

第二节 ACT 课型（演练课）的教师指导行为研究 / 062

第三节 ACT 课型（演练课）的教师评价行为研究 / 070

第四节 ACT 课型（演练课）的教师纠错行为研究 / 077

第四章 FACT 课型（阐释课）与影视课型（辅助课）的教师教学行为研究 / 091

  第一节 FACT 课型（阐释课）与影视课型（辅助课）的教师讲解行为研究 / 091

  第二节 FACT 课型（阐释课）与影视课型（辅助课）的教师提问行为研究 / 098

  第三节 FACT 课型（阐释课）与影视课型（辅助课）的教师答疑行为研究 / 105

第五章 每日评估体系研究 / 116

  第一节 每日评估体系的核心与作用 / 117

  第二节 每日评估体系的理论基础 / 119

第六章 体演文化教学法的完整理论框架 / 126

  第一节 哲学理论基础 / 127

  第二节 心理学理论基础 / 128

  第三节 语言学理论基础 / 130

  第四节 第二语言习得理论基础 / 132

  第五节 教学论基础 / 135

第七章 体演文化教学法的实证研究 / 138

  第一节 教师课堂"支架"构建对短期语言习得的效用研究 / 138

  第二节 每日评估体系在国内汉语教学中的实证研究 / 148

第八章　体演文化教学法在国内汉语教学中的推广设想 / 157
　　第一节　体演文化教学法的优点与不足 / 157
　　第二节　体演文化教学法对国内汉语口语教学的借鉴意义 / 161

结语 / 165

附录 1　学生对教师课堂教学支架的调查问卷 / 167
附录 2　对外汉语教师教学评价方法调查问卷 / 169
附录 3　学生对课程学习的反馈调查问卷 / 171

参考文献 / 174

后记 / 209

第一章

绪 论

近年来,越来越多的语言研究者开始关注和讨论如何选择和融合多种语言教学法。2003年,美国圣何塞州立大学库玛教授出版了《超越教学法:语言教学的宏观策略》一书。该书明确指出,现代语言教学已经进入"后教学法时代",也就是说,语言教师需要超越思想的局限,结合自身的知识体系与技能技巧,融会贯通、因地制宜地选取相关教学方法来进行教学。目前,在学术界比较流行、得到较多认可的观点是"折中教学法"和"综合教学法"[1]。戴忠信解释道:"由于历史的局限,不同的外语教学理论从不同的角度观察研究外语教学,每一种理论都试图排除其他理论而将自己局限在一种理论的范围之中。因此,理想的理论应该是整合所有理论的理论,是能够对所有的理论弃其糟粕、取其精华的理论。"[2]

第一节 选题缘起

随着21世纪中国国力的日益增强,汉语作为第二语言教学迎来了一个全新的局面,即全世界对学习汉语表现出了前所未有的兴趣和热情。随着"汉语热"的逐步蔓延和孔子学院的渐次开办,汉语作为第二语言教学的课堂开始遍布世界的各个角落。"请进来学"的汉语教

---

[1] 赵金铭. 对外汉语教学法回视与再认识[J]. 世界汉语教学,2010(2):244-252.
[2] 戴忠信. 论外语教学研究中的折衷主义思想[J]. 教育探索,2002(12):62.

学方式已远远不能满足当前的教学需要，单一的汉语教学法也遭到了严峻的挑战。同时，受国际"后教学法时代"思潮的影响，汉语作为第二语言教学法发生了翻天覆地的变化。

近年来，汉语作为第二语言教学在美国开始实行折中教学法和综合教学法。对此，印京华曾这样描述："训练有素、经验丰富的汉语教师都根据自己的教学对象、教学环境和自身特长，作最优化配置，争取在汉语教学上取得最佳效果，以达到教学目的。"[1] 比起国外多种多样的第二语言教学法，国内的汉语教学法显得相对单一。多数教师仍然采取以"传统教学法为主，新型教学法为辅"的教学方式进行教学。不过可喜的是，由于受到国际"后教学法时代"大环境的影响，越来越多的学者开始展开了引进新型教学模式到汉语教学中的试验和研究，诸如威莉斯任务型教学法、体验式教学法、情境式教学法等。这些引进的外来教学法，不仅为国内汉语教学法注入了新鲜的元素，也为国内汉语教学走入"后教学法时代"提供了良好条件。

不管是折中教学法还是综合教学法，都不是简单地将它们相加。教师要想真正做到根据具体课堂环境选取相应的教学方法，就必须首先对所有可以变为己用的教学法了然于胸，这样才能在实际教学中信手拈来、取舍得当。因此，我们不仅要了解更多行之有效、适宜操作的教学方法，更为重要的是，我们还要透彻领悟这些教学方法的内在理论依据，熟练掌握这些教学方法的实际操作技巧。只有这样，我们才能真正做到取其精华、兼容并包。

在当今精彩纷呈的第二语言教学法中，美国俄亥俄州立大学东亚语言文学系独创的体演文化教学法别具特色，值得我们对其进行学习研究和借鉴使用。

自 2001 年"9·11"事件发生以后，美国国防部向国会提交了一份重要提案：为加强各国政府和人民之间的交往与了解，重视对外语人才的培养。美国国家安全语言计划（National Security Language

---

[1] 北京外国语大学国际汉语教学信息中心. 国际汉语教学动态与研究（第 1 辑）[M]. 北京：外语教学与研究出版社，2005：35.

Initiative)由此诞生。该计划的实施就是为了培养更多的外语人才,特别是像阿拉伯语、汉语、俄语、印地语和波斯语等亟须语种的人才。同时,美国总统、教育部、国防部和国家情报局还共同起草了一个"开展从幼儿园到大学以至工作单位的外语教学计划"[1]。美国总统为国家安全语言计划申请了1.4亿美元,其中的2600万美元由外交部支配,联邦政府和美国高等院校合作开设了亟须语种的高等课程,设立了"国家语言旗舰项目"。其中,开设"国家汉语旗舰项目"的高校就有杨百翰大学、俄亥俄州立大学和俄勒冈大学。

在这样积极的国家政策支持下,俄亥俄州立大学东亚语言文学系将推行了几年的日语体演文化教学法不断发展和完善,最终形成现在更具理论性和实践性的第二语言教学法——体演文化教学法。该教学法强调,以体演为主要教学手段,让学生在体演活动中自发学习行为文化,逐步理解中国的语言文化知识,最终获得运用汉语进行恰当交际的能力。体演文化教学法凭借其新颖的教学理念和独特的教学方法,使学生在短期内迅速达到流畅的汉语口语水平,由此在美国汉语教学界名声大噪。

众所周知,第二语言教学有四大教学环节——总体设计、教材编写、课堂教学、语言测试。教学原则、教学计划、教学内容等都属于总体设计的范畴,它们都必须适应课堂教学的需要。教材作为课堂教学的材料依据,也需要符合课堂教学的特点与规律,要兼具知识性和实用性。语言测试是检验课堂教学效果的重要手段之一。课堂教学中存在的问题、需要增删的教学内容、教学方法如何进行改进等,这些都可以从语言测试的结果中分析得出。我们可以由此发现:课堂教学是第二语言教学四大教学环节的中心环节。抓住了这个中心环节,其他问题就能得到更好的解决。

作为一个动态开放的教学系统,课堂教学中的各个要素彼此影响、相互作用。而教师的课堂教学行为是所有要素的核心,直接影响课堂教

---

[1] 芮茵.扶助式对外汉语教学模式的理论与实践[D].厦门:厦门大学博士学位论文,2008:13-14.

学活动的各个方面。一个优秀的教学理论必须被教师使用得当,才会发挥其重要的作用与功能;反之,则会沦为空谈。因此,教师的课堂教学行为是所有教学方法推行过程中的关键所在。

  体演文化教学法是一个理论与实践结合得十分紧密的教学方法。在体演文化教学法中,教师和学生之间的关系不同于传统语言教学的师生关系。吴伟克教授曾经把第二语言学习中的教师与学生的关系比喻为教练与运动员的关系:第二语言学习者是在目的语文化氛围中按照目的语文化规则参与比赛的运动员,教师则是负责指引学习者认识和进入目的语领域的教练。教师课堂教学的最终目的就是希望让每个学生在比赛中得到充分的锻炼和发展。具体到体演文化教学法里,教学过程可被看作一场戏剧表演:教室是舞台,教师是导演,学生是演员。在演出开始前,导演引导演员对不同角色进行模仿和排练,尽力为每一种表演都提供一个情景,创造各种各样的角色让演员身临其境。当正式表演开始时,舞台上只有演员,没有导演。所以,体演文化教学法中的教师在教学活动中起至关重要的导向作用,他们是学生理解语言文化场景的指导者,是帮助学生正确使用语言的示范者与纠正者。因此,研究体演文化教学法的教师课堂教学行为,将为我们更好地理解体演文化教学法的理论体系与切实地展开教学实证研究提供更为系统与丰富的材料。

  据此,笔者慕名前往俄亥俄州立大学东亚语言文学系深入学习了一年,认真研读了该教学法的主要创始人吴伟克教授的学术专著,当面向吴教授请教了该教学法的相关问题,并旁听了该教学法的理论课程,观摩记录了该校教师使用此教学法讲授初、中、高级汉语课的全过程。大量的理论和教学实践研究证明:体演文化教学法是一个理论与实践结合紧密的有效教学法,在口语教学实践方面尤其具有研究和借鉴价值。不过,该教学法理论体系较为零散、不够完整清晰,在一定程度上导致了其读写教学实践的滞后,也影响了该教学法的进一步发展与推广。

  因此,本书试图以教师课堂教学行为作为切入点,深入研究这些实践行为背后的理论依据,构建出体演文化教学法完整的理论框架,并尝试将其应用到国内短期汉语强化课程与高级汉语综合课程之中,对其展开细致的实证研究。只有了解了该教学法的理论体系,我们才能明白其教学实践成功的根本原因；只有通过详细的实证研究，我们才能分析出该教学法值得借鉴与引进的部分，因地制宜地将之运用到合适的国内汉语教学课堂中，为我国"后教学法时代"的汉语教学法体系建设添砖加瓦。

第二节 国内外研究综述

既然要对一种新型的第二语言教学法进行理论分析，那么首先就要对国内外第二语言教学法的发展研究现状有一定程度的了解。第二语言教学法既不同于普通的教育教学法，又不同于母语教学法，其复杂的特点早已引得世界各国的专家、学者纷纷对其展开研究，涉及的内容涵盖了语言教学活动的方方面面，著述丰厚。本书分别从国外和国内两个方面对这些研究成果进行相关综述。

一、国外研究综述

美国的应用语言学家爱德华·安东尼最早提出有关第二语言教学法的概念。他认为，第二语言教学法有三个层次，由高到低依次为教学理论（approach）、教学方法（method）、教学程序（techniques）。爱德华·安东尼认为：教学理论是一整套关于语言、学习和教学本质的设想，描述的是教学的性质；教学方法是由教学理论派生的，是全面展示语言教学的系统方案；教学程序是教学方法根据相关教学目标和相应教学环境而设计出的具体执行程序。这是第一次从理论与实践的各个方面对第二语言教学法做出的详细阐述。自此，有关第二语言教学法的研究勃然兴起。

1. 对第二语言教学法概念的研究

除了爱德华·安东尼对第二语言教学法进行了表述之外，W.F.麦基、J.C.理查德、T.S.罗杰斯、H.D.布朗都对第二语言教学法的定义做了相关阐释。

W.F.麦基在著作《语言教学分析》中表示，不同的人对教学法的理解是不一样的。[1]他在书中列举了20多种教学法，并将教学法总结为一个概括性的概念，主要包括材料选择、分级、表述和重复四个主要部分。但是，他并没有给第二语言教学法下一个确切的定义。很显然，W.F.麦基的第二语言教学法的概念中没有涉及教学理论内涵，所以相对于爱德华·安东尼的定义，W.F.麦基的概念更偏向于实践操作。

J.C.理查德最初是将教学法称为"一种语言教学哲学，它包含了一套为教授一种语言而标准化的程序或原理"[2]。这一观点彻底颠覆了爱德华·安东尼最初提出的概念。而后，在1986年，J.C.理查德又与T.S.罗杰斯对教学法的分层进行了更全面、更系统的阐述。他们一同指出，爱德华·安东尼对教学法的分层缺少教材、大纲和师生角色等因素，不够细致、具体。于是，他们重新构建了第二语言教学法的层级模式，将教学法分为"理论"（approach）、"设计"（design）、"实施步骤"（procedure）三层。"理论"指的是语言和语言学习本质的理论、假设和信念。"设计"指的是根据理论而设计的语言教学活动与内容，主要包括语言理论、教学目标、教学大纲、活动类型、师生角色、教材作用等内容。"实施步骤"指的是教学实践中的具体操作方法与技巧，包括课堂技巧、教学设备、时空资源、教学策略等。但到了2008年，两位学者又对教学法进行了重新定义，认为"教学法从另一方面来看，是指一套基于特定语言理论和语言学习理论而设计的具体操作系统"[3]。从此时的阐释来看，他们的观点又回归到了爱德华·安东尼最初的定义上来。

H.D.布朗则是将第二语言教学法定义为：一种包含语言观和语言教学观的理论观念与立场，并且在教学实践中具有可操作性。

我们可以看出，上述学者的观点虽然各有侧重，但是他们都在努力

---

[1] [加] W. F.麦基：语言教学分析 [M]. 王得杏，孙以锒，许才德，等，译. 北京：北京语言学院出版社，1990：161-173.

[2] Richard, J.C., Rodgers, T.S. *Approaches and Methods in Language Teaching*（2nd Edition）[M]. Cambridge: Cambridge University Press, 1986: 8.

[3] [英] J.C.理查德，T.S.罗杰斯. 语言教学的流派（第2版）[M]. 北京：外语教学与研究出版社，2008：26.

将教学理论与教学实践结合起来，以期将第二语言教学法的定义覆盖其涉及的方方面面。本书赞同最初爱德华·安东尼有关第二语言教学法的定义，即第二语言教学法主要包括教学理论、教学方法、教学程序三个层次，而体演文化教学法最大的问题就在于教学理论层次不完整，或者说不清晰。所以，本书要做的工作是通过观察体演文化教学法的教学程序，分析其所使用的教学方法，最后总结出其隐含的完整教学理论。

2. 对第二语言教学法整体的研究

目前，比较有代表性的第二语言教学法研究著作有：H.H.斯特恩的《语言教学的基本概念》、H.D.布朗的《语言学习与语言教学的原则》、克斯·约翰逊的《外语学习与教学导论》、库玛的《超越教学法：语言教学的宏观策略》。

H.H.斯特恩的著作是第二语言教学法研究领域颇具权威性的专著之一。该书融合了语言学、心理学、人类学等多种学科有关语言教学方面的理论，又从语言教师的角度出发，探讨了这些相关学科与语言教学之间的关系，力求让读者更清晰地理解语言教学与其他学科是紧密相连的。同时，作者试图建立一个能够全面分析语言教学活动的框架，使读者可以从自身知识体系和具体教学环境出发，正确看待第二语言教学。作者希望能够让读者对第二语言教学法形成从抽象到具体、从理论到实践的完整理念。

库玛的著作则是第二语言教学进入"后教学法时代"的标志。该书从宏观策略、微观策略、研究计划三个方面展开了论述，并指出由传统单一的教学法时代过渡到"后教学法时代"是第二语言教学法发展的必然趋势。语言教师应该自我构建一个教学法框架，分析具体教学环境与教学内容，再根据自身的理论知识与实践技能，自主选择和使用适合的教学方法。该书用了大量的篇幅来详细阐述如何选取不同的教学方法，为语言教师提供了切实可行的指导步骤。

上述著作都强调了理论对实践教学的基础指导意义，并明确指出了语言教学是一个多学科理论交叉影响与作用的学科。因此，了解第二语言教学法复杂的理论体系对指导实践教学尤为重要。只有对各种第二语言教学法的理论指导有了清晰的认识，教师才能在具体的教学环境下选择合适的教学方法来开展课堂教学。从这一角度来看，本书着手进行的体演文化教学法理论体系构建，正是"后教学法时代"形成的一块小小的基石。

3. 对第二语言教学法某一方面的研究

目前，比较有代表性的第二语言教学法某一方面的研究著作有：翠西亚·赫吉的《语言课堂教学中的教与学》、布卢斯·马斯兰的《无辅助教学》、H.D.布朗的《根据原理教学：交互式语言教学》、罗伯特·伍德的《评估与测试》、大卫·加德纳和林赛·米勒合著的《外语自主学习——理论与实践》等。

其中，以H.D.布朗的著作最为著名。该书体现了作者对20世纪涌现的众多第二语言教学法的反思和批判，是第二语言教学法从"百家争鸣时代"向"后教学法时代"转变的代表性作品。20世纪80年代以前，第二语言教学法不断推陈出新，几乎每一种教学方法都有一套完整的教学理论、目标和程序。然而，无论这些教学法如何蓬勃发展，都越来越无法满足纷繁复杂的第二语言教学活动的要求。传统单一的教学法思想受到了第二语言教学发展的严峻挑战。因此，H.D.布朗在书中提出了"根据原理教学"的理论，这个"根据原理教学"就是提醒语言教师，要把目光放到具体的课堂上，因地制宜地进行语言教学。该书阐释了课堂教学的理论基础，分析了课堂教学的环境，设计了课堂教学活动的操作系统，并探讨了课堂教学中出现的实际问题，真正完成了从理论和实践入手、全方位探析第二语言教学的过程。这对语言教师的实际操作，起到了提纲挈领的指导作用。

上述著作由于只对第二语言教学法的某一方面进行了研究，关注面相对较窄，因而得出的结论反而更为深入。有关课堂教学方面的研究，更是为本书指出了一条研究思路。但其关注面较窄，研究不够全面，结论也具有一定的局限性。如何能把微观视角与宏观理念结合起来，这也正是本书力图寻找的研究视野。

4. 将第二语言教学法与其他相关学科相结合的研究

这里的相关学科主要指教育学、应用语言学、心理学、人类学、社会学等领域。比较有代表性的著作有：H.G.威多逊的《语言教学面面观》、伯克彼茨勒的《外语教育新观点与新方向》、努南的《交际课堂的任务设计》、马丁·韦德尔的《外语教学与学习：理论与实践》、H.H.斯特恩的《语言教学的问题与可选策略》、J.D.布朗的《语言教学大纲要素：课程设计系统法》、莱特朋和斯帕达的《语言学习机制》、简尼·威理斯和迪弗·威理斯的《语言教学的挑战与变迁》等。

其中，H.G.威多逊的《语言教学面面观》虽然成书较早，但该书所产生的深远影响至今无人能及。作者系统、深入地探讨了教学理论与教学实践相互依赖的关系：一是该书从宏观理论上论述了语言教学所体现的职业原则与本质；二是该书对语言的本质及其他相关学科对语言产生的影响，进行了多角度、多层次的研讨；三是该书集中分析了由各种语言观点衍生出的不同语言教学流派之间的异同与联系。因此，此书对全面了解第二语言教学有着巨大帮助。

这些著作把研究集中在了语言教学与其他学科的交叉领域，为第二语言教学打开了一个更为广阔的研究领域，也为本书对体演文化教学法理论体系的构建提供了多角度的指导。

5. 对各种第二语言教学法的具体研究

此类专著既有对多种第二语言教学法进行总述的，又有只针对某一种第二语言教学法进行研究的。比较有代表性的著作有：J.C.理查德和T.S.罗杰斯的《语言教学的流派》、约翰·克拉普尔的《沉浸式外语学习》、C.J.博拉姆菲特和K.约翰逊的《交际法语言教学》、威廉姆·利特尔伍德的《交际语言教学论》、威尔格·理弗斯的《交互式语言教学》、马塞尔·华特的《语言与语言学习的反思》、密切尔·格勒恩菲勒的《跨课程的现代外语教学》等。

J.C.理查德和T.S.罗杰斯的《语言教学的流派》无疑是这些专著中的翘楚。20世纪80年代，第二语言教学法的发展进入高潮，各种教学流派林立纷呈。两位作者不仅细致地描写了第二语言教学法的演进历程，还提出了详尽、完整的教学法概念体系，并对听说法、情境法、视听法、交际法、沉默法、暗示法、全身反应法等第二语言教学法流派，进行了抽丝剥茧的梳理和分析，总结了各派精华，建立了各派之间的细微联系，为第二语言教学法向多元并存的方向发展奠定了坚实的基础。

该书体现了两位作者对第二语言教学法高屋建瓴的研究视角,并由此引发了许多语言学者对第二语言教学法的全面关注。

本书的研究便集中在这一领域,上述学者的研究思路与方法都极具学习和借鉴意义。每一个第二语言教学法都与其他教学法既有相通之处又有各自的不同。相通之处在于,这些教学法都表明了第二语言教学法之间继承与发展的关系;各自的不同在于,每一个第二语言教学法都各自具有其特殊的研究价值。本书认为,教师课堂教学行为便是体演文化教学法的特色之一,以此来探寻该教学法隐含的理论,将使本书的理论体系构建不会流于纸上谈兵。

二、国内研究综述

国内有关第二语言教学法的研究,大致可分为两个方面:一方面是对国外第二语言教学法进行介绍和借鉴的研究;另一方面是对汉语作为第二语言教学法的研究。

1. 对国外第二语言教学法的介绍与引进

总体而言,此类著作介绍与描写居多,实证研究较少。国外流行的各种教学法,诸如语法翻译法、听说法、交际法、情境法、任务型教学法等,都有不少论文和专著对其进行描述,不胜枚举。

除此以外,也有一些学者对众多教学流派进行了整体分析。如:殷鸿翔的《外语教学法的演变及其发展趋向》、章兼中的《国外外语教学法主要流派》、付克的《中国外语教育史》、戴忠信的《试谈外语教学解释理论体系的建立》、王勇的《外语教学法的发展和改革之我见》、樊长荣的《外语教学中的折中主义》、张正东的《中国外语教学法理论与流派》、王岩的《折中主义的外语教学》、袁春艳的《当代国际外语教学法发展研究》及李观仪的《传统外语教学法与交际教学法相结合可行否?》等。

其中,章兼中的《国外外语教学法主要流派》和张正东的《中国外语教学法理论与流派》较为详尽。章兼中在专著中较为全面地讨论了当今主要的八种第二语言教学法流派:翻译法、直接法、自觉对比法、听说法、视听法、自觉实践法、认知法、功能法。该书材料丰富,阐述系统,开阔了研究视野,为国内语言教学者展现了国外第二语言教学法的概貌。张正东的《中国外语教学法理论与流派》则是从学习理论角度出发,归纳了第二语言教学法的四大流派和十四种方法。该书不仅在前人的基础上增添了一些新兴教学法的内容介绍,还立足于国内教学环境,提出了"目的语、学生和教学环境"三位一体的外语立体化教学法观点,并且将理论与实践相结合,探讨了课堂教学中的原则性技巧与操作性技巧。樊长荣的《外语教学中的折中主义》和王岩的《折中主义的外语教学》,则体现了国外"后教学法时代"对我国第二语言教学法研究的影响。两位学者都认为,不存在适用于一切教学环境的万能教学法。而如何对各种教学法进行整合折中,他们认为,理性主义与实证主义的结合是最佳的折中主义教学法。因此,他们认为,交际法是目前看来趋向折中的第二语言教学法。本书认为,两位学者过于夸大了交际教学法的优势,有些言过其实。只有博采众长,才能让第二语言课堂教学真正达到有效教学的最终目标。

国内还有一些论著是探讨如何将国外流行的教学流派应用到国内的英语教学中的。比较系统的著作有:王才仁的《英语教学交际论》、张思中的《张思中外语教学法理论探讨与实践》、吕良环的《外语课程与教学论》、袁春艳的《综合英语教学论》等。因本书着眼于汉语作为第二语言的教学法研究,所以有关英语教学法的研究,这里不再赘述。

2. 汉语作为第二语言教学的教学法研究

汉语作为第二语言教学的学科发展比国外的第二语言教学研究滞后。所幸,随着近年来汉语在全球各国的逐步推广,如今的学科建设已颇具规模,而汉语作为第二语言教学法发展过程中重要的一环,其研究也是硕果累累。

(1) 对汉语作为第二语言教学法发展分期的研究

要建设一套完备的学科理论体系,明确汉语作为第二语言教学法的发展分期是十分必要的。不少学者对汉语作为第二语言教学法的发展阶段进行了分期研究,比较有代表性的论文和专著有:吕必松的《中国对外汉语教学法的发展》、程棠的《对外汉语教学学科发展说略》、程裕祯的《新中国对外汉语教学发展史》、赵金铭的《对外汉语教学法回视与再认识》、陶健敏的《"后方法时代"语言教学观与对外汉语教学法体系构建》等。

学者们对第二语言教学法的发展分期大同小异，他们普遍认为：汉语作为第二语言教学的学科理论建设，经历了准备、创建、发展三个阶段。20世纪50年代初到70年代后期，是汉语作为第二语言教学的学科理论的初创期；20世纪70年代末到80年代后期，是汉语作为第二语言教学的学科理论的建立期；20世纪80年代末到90年代后期，是汉语作为第二语言教学的学科理论的发展深化期。

值得提出的是，陶健敏的《"后方法时代"语言教学观与对外汉语教学法体系构建》和赵金铭的《对外汉语教学法回视与再认识》都吸收了国外前沿的教学法研究理论，主张从更广阔的视野来构建一个教师自主选择的汉语综合教学法体系。本书的研究思路与这两位学者的观点是完全吻合的。

（2）对汉语作为第二语言教学法的教学原则的研究

汉语作为第二语言教学法的教学原则属于教学法理论的实践指导，国内有关这方面的研究，初期多集中在探讨课堂教学方法与技巧上，后来才逐步转移到关注完整教学原则体系的构建上。学者们在了解了国外多种第二语言教学理论和方法后，结合课堂教学实践，总结出了适应不同时期汉语教学的思路与原则。影响较大的研究成果有：周祖谟提出的"以词汇教学和语法教学为中心"的基本教学思路；钟梫提出的"精讲多练""重视口语训练""联系实际"等教学主张；盛炎总结的"重视语言结构教学，按部就班地进行语言三要素——语音、词汇、语法的训练"的教学原则；吕必松提出的"在重视语言结构教学的基础上，将意义和功能相结合"的语言交际教学原则；张占一提出的关于"重视隐含在言语交际中的文化因素"的多方位教学原则；亓华认可的"对外汉语教学的最佳模式就是语言文化一体化教学，将文化教学渗透、融化在语言教学之中"[1]的观点。

---

[1] 亓华.中国对外汉语教学界文化研究20年述评［J］.北京师范大学学报（社会科学版），2003（6）：107.

这些研究在不同程度上反映了国外第二语言教学法的两大主流体系——注重语言结构的教学法和重视语言功能的交际法在国内汉语作为第二语言教学法理论与实践研究上的影响。本书认为，对语言教学而言，语言结构与语言功能同等重要，在教学实践中，应坚持尽量兼顾二者的原则。

（3）对构建汉语作为第二语言教学法流派的研究

国内众多专家、学者在深入学习了国外的各种第二语言教学法理论体系后，试图取长补短，构建适合中国汉语教学的第二语言教学法流派。每一位语言研究者都立足实践，努力为中国的汉语作为第二语言教学法事业做出贡献，其成果可谓多如繁星，比较突出的成果有：王秉武的《汉语教学法科学基础试探》、吴勇毅和徐子亮共同执笔的《近年来我国对外汉语教学法研究述评》、刘珣的《关于对外汉语教学法的进一步探索》、任远的《对外汉语教学法研究的回顾与展望》、翁秀英的《对外汉语教学法的一些思考》、杨丽姣的《对外汉语教学法研究再探讨》、栗叶的《对外汉语教学法探索》、徐明的《对对外汉语教学法的特点探讨及探索意义》、赵金铭的《对外汉语教学法回视与再认识》、谭惠文的《以教师为主的教学法：对外汉语教学法应用分析》等。

学者或是探讨如何将国外的一些流行教学法化为己用，或是研究适合某种技能课型的专业教学法。其中，对交际功能教学法的研究颇多。如今，国外的汉语教学多追求表达流畅，而忽视结构精准，这种观念也开始慢慢渗透进国内的汉语教学，但本书更赞同赵金铭对当今汉语作为第二语言教学法的看法：建构"重视结构、回归语法""将流畅与规范并提"[1]的汉语综合教学法。因此，面对当今众多的第二语言教学法，我们只有先了解它们、分析它们，然后慎重选择并取长补短，最后才能探索出适应国情、行之有效的理念和方法，为汉语作为第二语言教学法服务。这也是本书写作的缘由。

（4）将各种第二语言教学法应用到国内汉语教学实践的研究

国外每兴起一种第二语言教学法，国内就会有学者尝试引进并进行

---

[1] 赵金铭. 对外汉语教学法回视与再认识[J]. 世界汉语教学，2010（2）：248.

研究，其流程大致是先介绍相关理论与操作，再着手设计如何将之运用到国内的汉语教学中。语法翻译法、情境法、案例法、全身反映法、任务型教学法、文化教学法、交际法……每一种教学法都被学者仔细分析、透彻领会，所得成果亦令人叹为观止。

近年来，以任务型教学法和文化教学法的应用研究较为突出，比较有代表性的论文有：何小雪的《任务型教学法在初级对外汉语教学中的运用初探》、谭秀丽的《文化模式与对外汉语词语教学》、屈瑞婷的《对外汉语教学初级阶段的文化教学研究》、吕婷婷的《任务型教学法任务设计在对外汉语初级口语教学中的运用》、范文苑的《任务型语言教学理论的研究以及在对外汉语口语教学中的应用》、李涛的《试论对外汉语教学中的交际文化教学》、叶祥桂的《任务型对外汉语初级口语教学研究》、段沫的《基于需求分析的任务型教学研究》、杜有黄百的《对外汉语跨文化的教学研究》、居珈璇的《任务型教学理论极其在对外汉语教学中的应用》等。

这些论文都深入分析了某种教学法的理论基础，阐释了其具体的操作步骤，作者大多亲自进行了实验，得出的结论真实可信，值得借鉴。本书所研究的体演文化教学法与任务型教学法有一些相通之处，同时该教学法又融合了文化教学的理念。因此，上述这些论文对本书的研究极具参考价值。

除了以上研究成果外，还有很多学者对汉语作为第二语言教学法的特点、教育理论及其与其他学科相结合等方面做了细致、深入的探讨。由于其分类较散，且不如上面有关资料与本书的研究关系紧密，因此，此处不再专门阐述。

从上述这些研究中我们可以看出，汉语作为第二语言教学法一直在紧紧跟随国外第二语言教学法发展的脚步。所有在国外获得过一定范围内成功的教学法都被国内的学者拿来学习和引进，但是国内学者也都发现了这些教学法并不是十全十美的，目前还无法完全适应国内的汉语教学。随着"后教学法时代"思潮的渗入，国内的学者也开始转变思想，希望汉语作为第二语言教学法走上综合教学法的道路。本书对体演文化教学法的理论体系构建，便是在为未来的汉语综合教学法做好资料储备。

第三节　体演文化教学法研究综述

体演文化教学法从兴起到繁盛近 20 年，还是一套相对比较新颖的教学法。总体而言，该教学法结合了听说法和交际法的长处，在理论上主张将行为文化融入语言教学中，在实践上强调语言结构的规范性和沟通交流的流利性。体演文化教学法的教学目标是让学习者能在目的语文化环境中得体、自如地运用目的语同目的语国家的人们进行交流。因此，"该方法在教材及课堂中为学习者营造了目的语文化语境，让学生学习并熟练运用目的语的结构及功能"[1]。

有关体演文化教学法的具体介绍，本书将在下一章进行详细的阐释。此处主要是回顾一下目前对其进行的学术研究。此教学法的研究成果主要可分为以下两类：

一、理论研究

有关体演文化教学法的理论研究，多集中在介绍其主要创始人吴伟克教授的语言教学理念上。文化教学理论也是此类研究的重点。

曲抒浩、潘泰介绍了体演文化教学法的缘起和发展，阐述了其理论的主要观点和特色，描绘了该教学法在汉语作为第二语言教学法中的应用。周百义介绍了吴伟克教授的成就和理念，简要说明了体演文化教学法的核心思想。

吴伟克教授在《体演文化教学法》和他与野田真理教授合著的《记忆未来：积累异国文化知识》中详细讲述了体演文化教学法的核心思想：学习外语，就是学习另一种文化。简小斌与谢博德在《中国文化中的人际交往——游戏"规则"与"动作"》中阐释了体演文化教学法重在教会外国学生真正的中国人交际的知识。

---

[1] 吴伟克. 体演文化教学法：汉英对照 [M]. 武汉：湖北教育出版社，2010：174.

这些论著零散地展现了体演文化教学法的现有理论，却都未形成完整的理论体系。这在一定程度上会限制体演文化教学法的继续发展和推广。本书尝试在这些研究成果的基础上，构建起体演文化教学法的完整理论框架，以使这部分研究成果更加完善。

二、应用研究

这方面的研究最初主要是介绍体演文化教学法在美国俄亥俄州立大学的施行。例如，吴伟克教授在《中文强化课程的设计》中详细描述了如何用体演文化教学法来设计和进行汉语教学；又如，虞莉在《体验文化教学法学习手记》里讲述了体演文化教学法怎样在教学中运用，以及俄亥俄州立大学特有的教师培训项目介绍等。

随着体演文化教学法逐渐在中美汉语强化项目中的实施，越来越多的论文开始探讨该教学法在某些教学环节中施行的结果。周林在《"体演文化"教学法在旅游英语教学中的应用》一文中探讨了体演文化教学法中的教师角色，认为使用该教学法的教师，要从课堂的控制者和知识的传授者转变为多个角色的扮演者，在演练教学活动中起到积极的导向作用。该作者还对如何将体演文化教学法应用到相关教学领域进行了探讨，例如，他分析了体演文化教学法在旅游英语教学中应用的可行性，认为"体演文化教学法在提高学生跨文化交际能力方面具有优势，能让学生在文化中学习语言，最终达到提高旅游接待能力的目的"[1]。这是国内早期尝试运用体演文化教学法进行汉语教学的应用研究。

之后，涌现了 30 余篇硕士学位论文展开类似的教学研究，如：郝影的《对外汉语口语教学中的"体演文化"教学法》、贾霄霄的《"体演文化"教学法在对外汉语口语教学中的应用》、章娟的《对外汉语文化教学中的"体演文化"教学法研究》、国睿的《基于体演文化教学法的高级汉语综合课教学设计》、温玉韬的《体演文化教学法在来华短期汉语中级口语教学中的应用研究——以美国关键语言奖学金 CLS 苏州项目为例》、

---

[1] 周林."体演文化"教学法在旅游英语教学中的应用 [J]. 海外英语，2011 (7)：94-95.

贺天凤的《基于体演文化教学法的对外汉语节气文化教学设计》等。这些硕士学位论文多选取某一教学环节进行该教学法的案例设计或者案例分析，较少涉及实证研究，因此，缺少较为科学、客观的论证分析，研究还不够深入和全面，也没有将其提升到理论高度的成果。不过，这些硕士学位论文也或多或少地开阔了本书的研究思路，对本书教师课堂教学行为的理论研究起到了启发和引导的作用。

综上所述，当前对体演文化教学法的研究还比较薄弱，无论是在理论阐释方面还是在实践解析方面，该教学法都还欠缺详尽透彻的研习。作为一种新兴且成效突出的第二语言教学法，其教学理念和实践成果十分值得被吸收和借鉴。因此，对其教师教学行为展开系统的分析、搭建完整的教学法理论体系、探讨如何将其运用到国内汉语教学中，都是具有极大的研究价值的。这便是本书的研究目的。

第四节 研究思路与方法

任何一个教学法，都可以对其展开多角度、多层次的研究。本书尝试从教师课堂教学行为的角度入手，对其进行深入的探讨。具体的研究思路与方法如下：

一、研究思路

首先，本书试图从微观视角出发，从体演文化教学法的实践操作——教师课堂教学行为入手，研究该教学法独有的教师课堂教学行为，以便挖掘出这些教师行为背后所隐含的理论基础。由于教师课堂教学行为多种多样，而体演文化教学法的口语课堂能够较好地展现其理论基础与实践特点，因此，口语课的教师课堂教学行为将是本书剖析的重点。

其次，本书将根据教师课堂教学行为的理论研究结果，以及该教学法课堂评估体系的理论依据，再结合该教学法原有的、零散而不成形的理论基础，从哲学、语言学、心理学、二语习得理论、教学论等不同角度，详细构建完整、宏观的体演文化教学法理论框架。

再次，本书将尝试把体演文化教学法应用到国内短期汉语强化课程与常规汉语综合课程之中，通过较为详尽的实证研究，探析该教学法在国内汉语教学中实施与推广的可能性。

最后，在深入阐释体演文化教学法的理论体系与实践操作之后，本书将提出如何把此教学法应用到国内汉语口语教学中的初步设想。本书将说明该教学法的借鉴意义，对其在国内汉语教学中的应用展开可行性分析，希望能对我国的汉语教学法起到"他山之石，可以攻玉"的作用。

二、研究方法

为了深入、系统地分析体演文化教学法的理论和实践意义，本书拟采用以下四种研究方法展开研究。

1. 理论分析法

本书将先从体演文化教学法的实践操作——教师课堂教学行为入手，在课堂教学论的理论指导下，挖掘出颇有代表性的教师课堂教学行为背后的理论依据；然后，从教育学、哲学、语言学等多学科的理论视角出发，对体演文化教学法的理论框架进行构建、梳理与完善。

2. 课堂观察法

笔者在美国俄亥俄州立大学东亚语言文学系，进行了为期一年的体演文化教学法汉语课堂教学观察，观摩记录了汉语教师在课堂中的教学行为、教学过程及课后的教学效果。这些素材都是本书分析此教学法对汉语教师课堂教学行为影响的事实依据，有助于探讨这些教学行为背后的理论意义和构建起该教学法完整的理论体系。

3. 深度访谈法

针对课堂观察的结果，本书对多位使用体演文化教学法教学的汉语教师进行了深度的采访。笔者试图通过了解汉语教师对该教学法操作步骤的看法和解释，更深入地探讨体演文化教学法理论对汉语教师课堂教学行为的影响,以便更好地建立该教学法完整的理论体系。

4. 实证研究法

在分析完体演文化教学法对汉语教师课堂行为的影响与构拟完该教学法的理论框架以后,笔者将对此教学法展开一些适用于国内汉语教学的实证研究。通过客观的定量与定性分析,试图总结出该教学法值得借鉴与推广的优点,以便为国内的汉语教学工作者选择与使用。

第二章

体演文化教学法概述

要剖析一种新型的第二语言教学法,首先必须深入了解这个教学法的内涵和教学模式,因此,对此教学法进行追本溯源,是十分必要的。

第一节 体演文化教学法的形成背景

体演文化教学法是由美国俄亥俄州立大学东亚语言文学系提出的一种独特的第二语言教学法。该教学法的兴盛,与美国的汉语教学现状密切相关。

一、美国语言教育政策的改变

众所周知,美国是一个在政治、经济、文化等各方面都十分发达的超级大国,因此,只有少数美国人具有学习第二语言的意识。但是因为其本身是一个移民国家,所以即使第二语言教育并不受重视,美国仍存在不少使用两种以上语言的人群。美国比较普遍的第二语言是法语、西班牙语、意大利语、德语,东方语言相对而言容易被冷落。而汉语作为一种比较艰涩的东方语言,在很长一段时间里只有华裔人群才会研习。2002年,美国"现代语言协会"(Modern Language Association,MLA)的秋季统计数据显示,汉语在美国高等院校的外语选修课中排名第七,位于西班牙语、法语、德语、意大利语、日语、拉丁语之后,学习汉语的学生人数仅为34 153人。[1]

但是近年来，学习汉语的学生人数突然激增。据新加坡《联合早报》2017年9月7日报道，美国非营利组织中美强基金会（The US-China Strong Foundation）指出，目前上大学前学汉语的美国学生人数达40万人，较2015年的20万人增加了一倍。

汉语突然受到美国民众如此高度的重视，这与中国近年来国际地位的提高分不开。随着21世纪中国国力的增强，中国对世界的影响越来越大，全球范围内掀起了学习汉语的热潮。为了增进世界各国人民对中国语言文化的理解，同时为各国汉语学习者提供优良的学习条件，中国国家汉语国际推广领导小组办公室（简称"国家汉办"）于2004年起，在全球有需求和有条件的国家开始建设"孔子学院"与"孔子课堂"。截至2019年6月，全球已有155国家（地区）共设立530所孔子学院和1 129个孔子课堂。其中，美洲26国共设立孔子学院141所，孔子课堂559个。[2] 美国人民自然也受到了这种汉语热潮的影响。

汉语变为热门语种除了上述原因之外，还与美国近年来国家语言教育政策的转变密切相关。作为一个超级大国，只有在国家的政治、经济、军事地位受到威胁的情况下，第二语言教育才会被提上议事日程。第二次世界大战时期，美国国防部就曾提出过培养外语人才的决议，当时急需的外语主要是德语、法语等语言。美国政府提供了大量经费，语言专家为外语速成教学设计了特定的教学法及其相关教材，可以说这种特殊时期的教学及时而强效，为美国培养出了一大批出色的外交人才。但随着战争的结束，外语教学便迅速降温。

2001年"9·11"事件发生后，美国的国家安全再次受到威胁。于是，美国国防部再次向国会提出议案：美国人民要能用英语之外的其他语言与别国人民交流，国家必须对外语人才的培养引起重视。因此，学习外语，特别是学习急需语种，诸如阿拉伯语、汉语、俄语、印地语、

---

[1] 芮茵. 扶助式对外汉语教学模式的理论与实践[D]. 厦门：厦门大学博士学位论文，2008：12.

[2] 数据来源：孔子学院总部/国家（汉办）官网[EB/OL]. [2019-12-5]. http://www.hanban.org/confuciousinstitutes/node_10961.htm.

波斯语，势在必行。

2004年6月，美国国防部召开了由美国政府、企业、学术界、语言协会领导人组成的"全国语言大会"。会议的主要目的是通过提高国民的外语水平，来增进他们对世界文化的了解和尊重，因此，要向全国学生提供学习国家急需语种的机会。为此，美国总统、教育部、国防部和国家情报局共同起草了一个"从幼儿园到大学以至工作单位的外语教学"计划，统称"国家安全语言计划"。这项计划包括如下几个项目:[1]

第一，外语协助计划。联邦政府每年拨款2 400万美元，用于资助兴办急需语言项目，特别是要运用新科学技术的语言项目。

第二，"K-12"计划。联邦政府每年拨款2 400万美元，用于鼓励美国少年儿童从幼儿园到高中（12年级）学习国家急需语种，并强调要在各级学校之间建立连续的语言课程。

第三，"K-16"管道项目。在"K-12"计划的基础上，美国政府每年拨款2 700万美元，在27所学校，设立从幼儿园到大学的急需语种教学计划，把外语教学从幼儿园一直延伸到大学。

第四，语言教师团。教育部将斥资500万美元，旨在10年之内培养出100支新兴的、可在中小学教授急需语种课程的语言教师队伍。

第五，远程语言教育中心。斥资100万美元为教师和学生在全国范围内建立教学资源库。这个教学资料库将面向公众、学校、教师开放，提供由中小学、高校和国家资源中心联合汇编的教学资料和网络信息。

第六，教师交流计划。教育部将增资300万美元来加强教师交流，提高初、高中的外语教学质量。教师若能运用新方法来提升教学效果，就会在此计划中获得表彰。除此以外，外交部还将为中学生和大学生提供出国学习外语的机会，通过"交换学习"和"师资培训"的方法来加强美国的外语教学。

第七，青年交流计划。主要分为暑期班和学年班两个部分。暑期班

---

[1] 芮茵. 扶助式对外汉语教学模式的理论与实践 [D]. 厦门：厦门大学博士学位论文，2008：13-16.

招收美国中学生到中国、阿曼、苏丹等国开展为期 6～8 周的密集语言课程。学年班招收美国高中生到俄国、中国和土耳其等国学习 1 年的相关语言课程。

除此以外，美国前总统布什还拨款 1.14 亿美元，来扩展以国家安全为目标的"国家语言旗舰工程项目"。这项工程是由联邦政府和美国高校合作，设置相关急需语种的高等课程，鼓励公民学习 8 种国家急需语言，希望培养出拥有优秀外语能力的专业人才。其中，汉语被列为第二位急需语种。目前，全美已有 12 所高校开办了"国家语言旗舰工程项目"，其中负责"汉语旗舰工程项目"的有 7 所大学，分别是杨百翰大学、俄亥俄州立大学、密西西比大学、俄勒冈大学、亚利桑那州立大学、印第安纳大学、罗德岛大学。

"汉语旗舰工程项目"旨在为政府机构、工商业、教育界培养专业的汉语人才，学生在项目完成时需达到熟练的高阶汉语水平，相当于中国汉语水平考试（Hanyu Shuiping Kaoshi，HSK）等级 7（旧版）。而事实上，从"汉语旗舰工程项目"结业的学生，其 HSK 的成绩大多介于等级 7～11。这样优异的汉语成绩在其他美国大学的中文系里是非常少见的，但在"汉语旗舰工程项目"里，汉语成绩优异的学生则越来越多。

另外，针对学生不同的专业领域，"汉语旗舰工程项目"还设计了相关的语言训练和文化训练，涉及科目包括自然科学、社会科学、医学、商业、工程学等。

在这个"汉语旗舰工程项目"中，杨百翰大学和俄亥俄州立大学，以及与之合作的"海外旗舰工程中心"，其学生在美国修完"汉语旗舰工程项目"的相关课程后，将到中国与本地学生一起学习，并可在俄亥俄州立大学管理的"青岛中文旗舰工程中心"安排下进行实习。这样全方位的汉语教学模式，令学生最终都达到了相对较高的汉语水平。

实际上，体演文化教学法早在 1997 年就具备了雏形。当时，俄亥俄州立大学东亚语言文学系的野田真理教授根据日语作为第二语言教学的特点，创造了一套以日语作为第二语言的教学法。此教学法已具备体演文化教学法的基本元素，并在实践教学过程中获得了好评。随后，吴伟克教授将此教学法逐步运用到以汉语作为第二语言教学中，并不断改进和完善。"9·11"事件发生后，"汉语旗舰工程项目"对俄亥俄州立大学东亚语言文学系的汉语教学提出了新的要求。于是，体演文化教学法就在这样繁重的汉语教学任务下迅速发展，并逐渐兴盛起来。

短短数年，俄亥俄州立大学东亚语言文学系不仅设计出了适应美国中小学"K-12"计划的汉语学习课程，还在大学内开设了"K-16"管道项目所延伸的大学4年汉语选修课程，同时，又在"青岛中文旗舰工程中心"设计了一系列帮助美国学生进一步深造的硕士研究生课程与实习计划，培养出了一批又一批优秀的国际汉语人才。这样丰厚、扎实的实践经历，为体演文化教学法的优化与完善提供了多层次的教学试验田。虽然该教学法目前还谈不上尽善尽美，但瑕不掩瑜，其高效的操作模式和独特的教学理念，无疑值得被更多的汉语教学工作者学习与运用。

二、美国汉语教学法的发展

最早在美国提出汉语教学法理念的学者，首推赵元任。1922—1924年，赵元任在哈佛大学教授汉语，提出了"目见不如耳闻，耳闻不如口读"的观点。他认为，儿童学习任何语言或方言，最快就是通过耳闻、口说熟练掌握过来的。[1] 他还强调"开口说话"的教学观点，对随后兴起的"听说法"有重大启示。

第二次世界大战时期，美国为培养战时急需语言人才，创造了著名的"听说法"，又称"军队法"。该教学法深受结构主义语言学和行为主义心理学的影响，强调句型操练，意图通过大量的模仿和重复，让士兵迅速达到"出口成章"的水平。由于成效可喜，因此，战后"听说法"被迅速推广。但是，这种几乎全是机械式操练的教学法培养出来的学生虽然熟悉语言，在现实生活中却不能恰到好处地使用语言。同时，该教

---

[1] 赵新那，黄培云. 赵元任年谱 [M]. 北京：商务印书馆，1998：5.

学法主攻听说，忽视读写，也受到不少汉语工作者的诟病。[1] 因此，汉语工作者开始寻找另一种适宜汉语教学的第二语言教学法。

20世纪60年代末，美国语言学家乔姆斯基提出"转换生成"理论，强烈抨击"听说法"。"认知法"便作为"听说法"的对立面出现了。该教学法从皮亚杰的认知心理学理论出发，反对"听说法"的结构模式和机械练习，主张在第二语言教学中发挥学生的智力，重视对语言规则的理解和有意义的学习和操练。该教学法受到广大汉语教学者的认可，但至今也未形成一套完整的教学体系。

到了20世纪70年代，西欧又兴起了一种新的教学法。它是以语言功能项目为纲，将提高学习者的语言交际能力作为外语学习的最高目标。这就是大名鼎鼎的"交际法"，或称"交际功能法"。该教学法的宗旨是以学生为学习的主人，教师必须运用丰富多彩的教学活动来营造真实的学习情景，学生通过接触、模仿、范例练习，自发地进行言语交际。该教学法传入美国后，引起了极大关注，迅速被广大汉语教师拿来使用。

20世纪80年代，交际法继续发展。1983年，美国外语教学协会出台了一套水平测试指标，把对外语"听、说、读、写"4项技能的测试从传统学业成绩测试转变为偏重语言运用能力的水平测试。随着这套水平测试指标的推广，外语教师越来越重视在教学实践中加强对语言功能的练习，并尝试引入杜威"在做中学"的理念。到了1996年，美国出台了《21世纪外语学习标准》。该标准意义重大，给美国外语教学法的发展带来了本质上的转变。《21世纪外语学习标准》主要包括5项内容：交际（Communication）、文化（Cultures）、联系（Connections）、比较（Comparisons）、社区（Communities），简称"5C标准"。其中，交际是"5C标准"的核心，又可细分为3个模式，分别为人际交往模式（Interpersonal Mode）、理解诠释模式（Interpretive Mode）、表述演示模式（Presentational Mode），简称"3M模式"。《21世纪外语学习标准》反映了美国外语教学开始走向综合教学的趋势。它超越了以往的教

---

[1] 周小兵. 对外汉语教学入门（第二版）[M]. 广州：中山大学出版社，2009：25.

学方法，提出了一种新型的、整体发展的语言学习原则，更有利于培养学生全方位的语言能力。

自此，各种教学法出现了齐头并进的趋势。除了上述提到的教学法外，还有沉默法、暗示法、自然教学法、全身反应法……这些都纷纷被汉语教师拿来使用。这种"综合教学法"的观念，让原先相互排斥、水火不容的一些教学法形成了和平共处、取长补短的态势。体演文化教学法就是在这种局势推动下产生的。

体演是该教学法的核心理念，其宗旨是培养学生身体力行的语言交际能力。在教学活动中，教师围绕特定的语言文化内容，设计出真实、可操作的脚本，学生通过现场表演的方式来体会脚本内容、人物、背景、文化等，以此方式逐步提高语言交际的熟练度和准确度，最终达到掌握语言的目的。该教学法借鉴了"听说法"重视语言操练的长处，兼顾了"交际法"创造真实情境让学生训练交际能力的特点，还根据"5C标准"中的"文化"，将行为文化融入语言教学中。应该说，体演文化教学法是在吸收了以往多种教学法优点的基础上而形成的。所以，它与其他教学法并不完全排斥，相反，还起到了一定的融合作用。

因此，体演文化教学法的出现，是美国汉语教学法发展到综合教学法阶段的必然产物。

第二节 体演文化教学法的内涵

体演文化教学法的英文全称是"the Pedagogy of Performing Another Culture"。由此可以看出，此教学法核心的两个概念是"体演"（performance）和"文化"（culture）。吴伟克教授认为，学习用某种外语交流的目的，就是要获得能运用该国文化来理解和表达意图的能力。要能够用一种外国文化来理解和表达意图，就需要学习这种文化。而"体演"就是有意识地重复一些"设定事件"，以此来建构对这种文化的记忆，以便将来可以正确地理解和表达意图。

一、何谓"体演"

"体演"是体演文化教学法中的重要概念。performance 的本义是执行,又包含了"体验、体会、演出、表演"等意思。而体演文化教学法中的"体演",除了具备上述意思外,还增添了一些社会文化方面的模糊意义。

任何一门语言,都包含于特定的文化框架之内,并与其所属民族的各种社会行为不可分割。学习者在学习另一种语言时,不仅是在换用另一套语言编码,也是在进行一种跨语际的文化交流。这本身就是在要求学习者"表演"相应的他国文化,所以这种"表演"必须建立在对这种文化的切身体验之上。学习者只有"经历"了相关文化场景中的语言行为,再反复"体验"之后,才可能在类似的文化场景再次出现时恰当地"表演"出符合目的语文化规范的行为。

因此,作为语言学习而发生的"体演",不是一种抽象的行为概念,而是一种可"经历"、可"体验"的行为,即一种学习"情境中的知识"的行为。这种行为具有现时性和社会性,其知识是在社会环境中真实存在的"活"的知识,不是记录下来的"死"的知识。

巴尔克曾将语言视为一种行为模式来进行分析,总结出了人们"做什么"和"为什么做"的五个关键因素,即完成了什么(行动)、何时何处完成的(场景)、谁做的(施动者)、它是怎么被完成的(方式),以及它为什么被做(目的)。

后来,维克多·特纳又解释了语言意义上的"体演"。他认为,表演并非必须具有结构主义者所意味的明显形式,更多的是表示"正要完成"或"正在实现"这种过程上的含义。因此,表演就是完成一个或多或少与他人相关的复杂过程,而非做一个单一的行为或活动。

随后,卡尔森综合了多位学者的观点,写出了一本颇具影响力的介绍"体演"各派理论的书。卡尔森从社会科学(包括人类学、社会学、教育学和心理学等)、表演艺术和现代理论(包括女性主义和后现代主义)三大方面,阐述了"体演"的跨学科性质。他在书中指出,由于不同学科领域都对"体演"做出了相关定义,因此,"体演"一词充满了矛盾性,成为一个理论上"被争夺的概念"。作者结合戏剧学上的五个基本要素(特定的时间、地点、角色、观众、台词),以及社会学、文化人类学和语言学中"体演"的定义,认为"体演"具备五个规定性元素:发生的地点,发生的时间,合适的脚本、节目或规则,参与者的角色,主动接受或被动接受的观众。

体演文化教学法中的"体演"是以卡尔森的理论作为依据的。吴伟克教授认为,"体演"就是有意识地重复那些"设定事件",并具有以下五个特征:发生的地点、发生的时间、合适的脚本(或项目、规则)、参与者的角色、主动参与和被动参与的观众。

我们可以发现,与卡尔森的理论相比,吴伟克教授的理论认为体演文化教学法中的"体演"主要是把"合适的脚本、节目或规则"改为"合适的脚本(或项目、规则)",把"主动接受或被动接受的观众"改为"主动参与和被动参与的观众"。这样的改动,是与吴伟克教授的语言学习观点密不可分的。

吴伟克教授最早提出了一个比喻,即把语言学习想象成一种体育活动,比如篮球运动,那么不同的学习方式就代表了人们深浅不一的参与程度。参与程度最浅的是那些仅仅听说过世上有篮球运动这回事的旁观者,即只知道有另一种语言的人;参与程度深一点的是花了钱、花了时间去看球赛的观众,即交了学费去听语言课的学习者;参与程度再深一点的是那些不仅投入了金钱和时间,还投入了感情的球迷,即不仅注册学习,还真心热爱这种语言的学习者;参与程度更深一步的是那些对球赛进行专业评论的评球家,即了解两种语言存在哪些不同的学习者;参与程度最深的是那些在球场上打球的球员,即使用目的语进行交流的学习者;除此之外,还有指导球员比赛的教练、维持比赛规则并判决输赢的裁判、对球赛做深入研究的运动科学专家……那么,我们在语言学习时希望扮演上述哪种角色呢?毫无疑问,当然是球员。因此,在学习语言时,学习者应该是深入进行交流的"参与者",而不是仅仅去听课的"接受者",只有这样才能让他们更清楚地理解和领悟另一种语言的文化内涵。

"体演"的以上五个特征，缺一不可。因为，当人们在进行跨文化交流时，"体演"的这些特征不仅影响了人们"说什么"，也影响了人们"该怎么说"和"该怎样做"。如果在语言交际中，学习者没有将这些特征加以考虑，便极有可能在交际过程中误会或冒犯对话者。因此，在体演文化教学法中，"体演"的理念贯彻在教学的每个环节中。

　　教师在准备教案时，要把教材上的语言知识点融入实际语言活动的情境中，要考虑在目的语环境里，人们在何时、何地、何种场景下，会对什么人说这样的话。教师还需要设计丰富多样的情境，来帮助学习者领会语言的意义与形式是如何随着"体演"这五个特征而改变的。同时，教师还要考虑这些设计的练习难度是否合适，场景搭配是否得体，等等。这就要求语言教师不仅要熟悉语法，还要懂得语用；不仅要像语法学家和语用学家一样对目的语进行功能和形式的描述，还要像社会学家和人类学家一样向学习者介绍目的语在日常生活中的正确使用。

　　在实际课堂教学中，教师身兼导演、演员、场记等数职，不仅要合理有效地安排道具、用最简捷的方法设置场景，还要扮演不同的角色给学生进行示范，指导学生正确学习、反复练习，更要及时对学生的"体演"提出反馈。这一系列的"体演"活动，都是为了给学习者打下一个稳固的语言文化基础。

　　因此，体演文化教学法中的"体演"是一个内涵极其丰富的概念，概括了"运用、表演、体验、实践、参与"等多层含义，把它翻译成"表演"太狭窄了，翻译成"行为"又太宽泛了。因为体演文化教学法的主要创始人吴伟克教授倡导王阳明的"知行合一"说，认为"语言知识"与"语言实践"在哲学意义上是密不可分的，所以最后将之译为"体验"和"演练"的结合体——"体演"。这恰恰是体演文化教学法的核心理念体现，即理论与实践要合二为一。

二、何谓"文化"

　　随着语用学、社会语言学、跨文化交际学的盛行，人们逐渐认识到学习一门新的语言，如果对目的语的文化背景知识缺乏认识和了解，即使语言理论知识掌握得再好，一旦进行语言交流，仍会遭遇困难。美国语言学家沃尔福森就曾说："礼貌错误比语法错误更难令人宽容。"[1]了解了语言的结构与内容，并不等于掌握了运用此语言进行交流的能力。不管你记住了多少词汇、明白了多少种语法结构，都不能表示你已成功学会该门语言。只有当你能轻松自如地与目的语使用者进行交流，并能与之保持恰当得体的长期交流时，才表示你的语言学习获得了成功。

但是，要实现这一目标并不容易。其主要原因是，日常生活中的交流隐含了太多的文化知识。我们的文化知识已经与我们的语言融为一体，所以这些文化知识已难以引起人们的注意，并且大多数人也无法解释清楚我们为什么要以这样的方式来进行交流。因此，当学习者问"这个用汉语怎么说"时，其实他是在问"在这种情况下，中国人会怎么说"。语言教师一定要时刻睁大眼睛，关注那些隐含了文化信息的言语行为，才能告诉学习者什么样的言语行为是得体的，以及为什么要这样做。

吕必松曾在这方面发表过重要的论述，在学习外语的过程中，必然会遇到一些不熟悉或难以理解的文化现象，这类文化现象就成为理解和使用目的语的文化障碍。要消除这种文化障碍，在第二语言教学中就必须同时进行相关文化因素的教学。对这类文化现象进行专门的研究，建立起系统的理论，这不但是第二语言教学的迫切需要，而且是语言理论建设的一项重要任务。[2]

学习如何进行得体的交流，并不等于把自身的文化意识转移到目的语文化知识中。学习者需要更多地了解目的语民族，不仅要了解他们所说或所写的东西，而且要了解这些活的语言背后的社会文化内涵。因此，语言教学不能只局限于语言系统本身，而必须与目的语的文化背景联系起来。文化是开展一切行为活动的框架结构，它为语言提供了意义生成的语境。所以学习者的目标不仅仅是学习一门外语，还包括培养自

---

[1] 周思源. 对外汉语教学与文化 [M]. 北京：北京语言文化大学出版社，1997：143.
[2] 吕必松. 对外汉语教学学科理论建设的现状和面临的问题 [J]. 语言文字应用，1999（4）：3-9.

身获得在该目的语文化背景下的认知和行为的技能。语言教学不能"就语言教语言",而应该使语言教学深入语言的使用上,培养学生的目的语文化意识,从而使他们能够用地道、得体的目的语进行交流。

自《21世纪外语学习标准》出台后,语言文化教学的核心地位在美国得以确立。"5C标准"和"3M模式",让语言文化教学和跨文化交际培训成为美国语言教学的两大重要内容,并在短时间内取得了丰硕的教学成果。

但是,长期以来,在语言文化教学中,人们都持有将语言与文化分离的观点。克拉姆契在其《语言教学的环境与文化》一书中,对语言教学中存在诸多"语言文化二分法"的观点进行了深入的分析和批评。他认为,这种"二分法"阻止了人们采用多层次、多维度的眼光去观察语言整体,反而使人们局限于仅仅采用一种有失偏颇的、非是即非的观点来看待语言。例如,看似强调了语言,实则轻视了文化;看似强调了交际,实则牺牲了语法。克拉姆契认为,要走出这种"二分法"的困境,就应该把语言和文化看作"一个硬币的两个面",使语言与文化融为一体。这就是语言文化教学的"融合观"。

不过,文化如此丰富多样,我们应该学习哪些文化知识呢?郝克托·汉默利将文化分为三个部分:

第一,成就文化,即某种文明中的标记性事物,比如中国的唐诗和宋词。

第二,信息文化,即某一社会所重视的信息种类。

第三,行为文化,即帮助人们驾驭日常生活的知识。

从某种程度上来说,成就文化和信息文化似乎最为有用,不过,在语言学习的初级阶段,行为文化才是教学的重点。因为行为文化直接影响了语言的交流方式、进程和结果,语言的意义与行为文化不可分割。学习了这种文化知识,能够让学习者懂得如何与当地人保持长期交往,再通过这种长期交往来积累恰当的交流经验。

因此,体演文化教学法赞成赫克托·汉默利的观点,将行为文化纳入语言教学的范围。体演文化教学法认为,行为文化是人们日常行事的传统方式方法,语言就是其中的一部分。所有社会语境中的言语活动

（诸如打招呼、商量、道歉等），都是在一定的社会文化背景下发生的一种人际交流活动。

吴伟克教授进一步把教学环境中所要介绍的行为文化进行了以下三种分类：

第一，被彰显的文化（或称"津津乐道的文化"），即本族人通常热衷于传播给异族人的文化知识。这是大多数教科书和课堂教学的主要内容，但并没有得到足够的解释说明。学生一般对这些"规则"会有所耳闻，但鲜少得到训练来使用它们，只有在真实的文化环境中经历了，才能体会到这些文化的复杂性。如：面子是万事的底线，行事方式要含蓄，谦虚和礼貌莫忘记，等等。

第二，被忽视的文化（或称"视而不见的文化"），即当异族人出现不得体的行为时，本族人才意识到的文化知识。语言教师尤其要关注这些隐藏在言语行为背后的文化知识，以便在教学中给予学习者合理的解释。如：客随主便，明知故问，声东击西，如何称赞他人，等等。

第三，被隐瞒的文化（或称"家丑不可外扬的文化"），即本族人通常不愿意传播给异族人的文化知识。从实用目的出发，被隐瞒的文化是可以在教学中回避的。除非它们直接影响了初学者对目的语文化的接受，教师才可适当选择进行讲授。如：没有明确言语行为的道歉，人情投资，等等。

因此，在语言教学中，文化并不是一个理想化的文化概念。体演文化教学法是想要构建一个旨在研究所有与预设的目的文化相关的语用例子，以及这些预设的文化是如何作用于课堂中的交流互动、解释说明和口头报告的教学环境。体演文化教学法认为，通过关注行为文化，学习者能够更加深入地参与到交际活动中，也能够更加深入地理解中国人和中国文化，并通过地道的中国方式来表达自己的意图，顺利进行社交。所以，体演文化教学法的教学策略是让学习者在常见的文化语境中，学习中国人际交往的"规则"，并且以中国的方式来进行实践。这些文化语境的设计要与中国行为文化相符，所有展开的陈述和互动都应该真实。教学的重点并不在于语言和语用本身，而是在于让学习者理解具体的、能够最终决定语用和社交行为的文化语境。

三、教学目标和基本元素

吴伟克教授认为，无论哪种形式的文化交流，诸如告别、出席晚宴、讨论小说等，都可以看作一次表演。所以体演文化教学法旨在观察目的语文化的各个组成部分，试图有效地启发学习者去分析、重演和构建目的语的行为与文化。吴伟克教授认为，体演文化教学法的教学目标是学习者通过"体演"目的语群体中真实行为范例的内容，学到目的语的文化知识，假以时日，经过一定数量的"体演"积累，学习者将构建起如何在特定文化语境中处理问题的记忆，从而形成新的知识、技能，或是一种新的自我感受。至此，学习者的第二文化世界观构建完成，新的世界观会影响学习者的语言学习活动，给学习者的语言学习带来显著的变化。简言之，就是"记忆未来，自我构建"。

1. 教学目标

体演文化教学法的教学目标主要可以归纳为以下四点：

第一，让学习者通过学习目的语获得在目的语文化中确立意向的能力。对于语言和意向性之间的关系，塞勒这样解释道：语言来自意向……就语言来说,教学法的指向是解释意向性；就意向性来说，逻辑分析的指向是解释语言。[1] 基于这种理解，我们可以看出个体与文化的关系包括文化产生语境、语境规定意义、意义表达意向、意向确定个体。因此，为了教学和"体演"某种未知的语言和文化，从意向性逻辑分析的角度来接触语言是必要的。[2]

第二，让学习者所有的"体演"都在目的语文化框架内进行。在理查德·鲍曼的表演理论中，有一个关键元素就是表演需要一个明确的文化框架，它将定义在此框架下发生的一切。这个观点对学习者至关重要，因为它强调了一个概念：交际是否得体是由文化情境决定的。每个表演动作所呈现出来的意义，都与文化情境有关。拥有不同文化背景的

---

[1] Seale, John R. *Intentionality* [M]. Cambridge: Cambridge University Press. 1983: 5.
[2] 吴伟克. 体演文化教学法：汉英对照 [M]. 武汉：湖北教育出版社，2010: 93.

人们进行交谈时，要么根据目的语文化来理解谈话内容，要么根据自身的母语文化来理解谈话内容。要想达到真正意义上的沟通，比较理想的策略是交流的双方都使用同一种语言和文化来理解谈话内容。效果较差的策略是交流的双方使用各自的语言和文化来理解谈话内容，这就极有可能会产生交际混乱或误解。学习者当然期待能够兼通目的语文化和自身的母语文化。因此，体演文化教学法加重了目的语文化在语言教学中的地位，即语言的文化语境获得了与语言形式编码同等重要，甚至更为重要的地位。

第三，让学习者建构多方面、多层次的目的语文化记忆。学习一门外语，需要在目的语文化中进行一系列难度递增的交流互动。成功进行交流互动的过程，就是一个建构目的语文化记忆的过程。体演文化教学法对此建构过程提出了几个要求：

其一，个体学习不能依赖本土文化和目的语文化之间的逻辑论证，而必须自我吸收那些反复灌输的目的语文化记忆。

其二，建构目的语文化记忆的过程，并不是将本土文化记忆进行翻译或映射到目的语文化中的过程。

其三，通过"体演"来完成对目的语文化行为的记忆。

第四，教师通过创造多种多样的教学情境，帮助学习者建构目的语文化记忆。我们日常生活中的言语行为方式，其实大多数都是通过学习获得的。因为这些行为已经成为我们记忆的一部分，所以我们通常不会意识到它们是学习的结果。因此，理想的教学目标是教师设计尽量多样的情境，让学习者积累足够丰富的"体演经验"，并使之成为闲暇时用来回忆和冥想的内容，以便在将来的文化交流中能立即派上用场。同时，学习者也可以在新的环境中继续进行自我认知和学习。

2. 基本元素

长期以来，教师都把句子视作语言教学的基本单位。当教学重心扩大到语言文化情境时，故事就成了教学分析的基本单位。为了能够在课堂上实现第二文化世界观的构建，教师需要设计大量故事。一个特定交际事件的故事，是由语码、情境、文化知识和参与这一交际事件的行为活动构成的。学习者通过这些故事来进行"体演"，并随时得到"体演"

的评估反馈。这种带有评估的"体演"重复多次后，学习者就能根据不同的情境和案例做出自如的反应。而这些情境和案例就构成了学习者目的文化知识结构的基础。

由于课堂时间有限，而文化知识无限，因此，学习者在课堂学习中要掌握以下几点：一是通过积累适当案例和情境来建构目的文化世界观，二是获得在课外继续进行自我文化积累的方法。在课堂教学中，一个"体演"接着另一个"体演"循序渐进，每一个学习者先逐渐记住这个系列的演练活动；接着，当他们遇到新情况时，就能够识别其中的"体演成分"，将之与认知的新成分结合，形成新的故事记忆；然后把新的故事添加到情境和案例的结构中，以此调整自己的目的文化知识结构；最后构建出完整的第二文化世界观。

这一建构过程包含以下一系列基本元素：

（1）角色（persona），指语言学习中的人物信息，是学习者在不同体演情境中的角色信息。角色会随着体演内容、场景等细节的改变而改变。

（2）文化知识和语言知识（cultural knowledge & language knowledge），这是语言教学的重要内容，主要通过日常的课堂阐释、交流和讲解来传授。语言知识是能够使学习者无须预先思考就能够轻松地记住的语言形式，而学习者却较难习得。学习者需要在课堂中反复操练各种语言交际形式，才能逐渐得知：什么场合该说什么或写什么；谁先开始说，谁是聆听者；等等。

（3）体演（performance），指发生在特定时间和地点的情境与行为，既有特定的角色，又有特定的观众。学习者即便知道了该讲什么、应该什么时间讲，也并不表示他们能够在真实的目的语文化场景中进行得体交流。因为所有的交流都是即兴的，没有机会预测，没有时间考虑语法规范，学习者只能学会条件反射。所以大量符合目的语文化情境的"体演"，都可以为学习者提供有用的学习经历，为之创造在不同文化场景下实践操作的机会，使其最终获得在条件反射下的文化交际能力。

（4）故事记忆（memory），指经历某种"体演"后的个人记忆。罗杰·C.享克认为，故事是可以不依赖其他交际能力而独立存在于大脑之中的，因为在某些有关心理创伤的案例中，人们发现故事可能是一个人能保留下来的唯一的交际功能。马丁和罗马尼也曾证明，即使忘记了某一领域的相关语言，人们仍可以记住由此语言产生的故事。所以故事具有传达特有文化知识的功能，人们的文化记忆就是由一个又一个在交际中发生的故事构成的。根据这一观点，学习故事便成为体演文化教学法为学习者积累文化记忆的主要方式。教师依据特定的教学内容来选择情境与案例，再根据目的语的文化背景来形成具体故事。这些故事按照从简单到复杂、从一般到特殊的规律来进行安排。学习者一边进行"体演"活动，一边把这些故事与目的语的语言文化知识结合起来，慢慢存储进个人记忆，再带着这些故事的记忆离开课堂，逐渐在日复一日的操练和巩固中让其在思维中扎根。

（5）积累（compilation），指学习者具有了将所获得的故事记忆不断融合、发展的能力。课程设置、体演操练、教材资料和评价手段，都会促成学习者这种能力的形成。学习者通过背诵对话、模仿"体演"、即兴创造等方式，积累起目的语文化的功能记忆。通过这种不断的积累训练，他们就能把所学的故事记忆与现实中的文化场景有机地融合在一起。

（6）案例和情境（cases and sagas），指学习者在目的语文化中可能遇到的大部分事情，可以是一句简单的问候，也可以是一个相当复杂的对话场景。前面提到的故事，便是营造案例和情境常用的手段之一。在语言学习过程中，案例和情境的积累旨在赋予学习者一种持续和连贯的目的语文化知识感受。学习者通过案例和情境，逐步将所学的知识进行融合，形成目的语的社会知识框架。

（7）第二文化世界观构建（second-culture worldview construction），指学习者通过目的语文化知识的长久积累，慢慢形成新的知识与技能，最终建立起一种全新的第二语言自我感受的过程。学习者从初学者变为熟练的语言使用者，旧信息成为新信息产生的条件，新信息又变成旧信息的一种演练。随着目的语文化交际能力的不断增强，学习者曾经获取的故事记忆慢慢生成其他子故事，并逐渐发展成更庞大、更复杂的知识结构，从而明确地与母语文化知识分开，他们对目的语的接受与思维方式开始发生改变。这就表示新的世界观已经形成，这也是体演文化教学法要达成的最终目的。

（8）每日评估（daily evaluation），指教师对学习者的"体演"进行可接受性的评价，并关心与他们进行交流的人是怎样看待其"体演"表现的。只有学习者时刻意识到交际成功的重要性，体演的记忆才会对他们真正发挥作用。所以体演文化教学法提出，每一次"体演"都要运用目的语文化标准对此次体演的过程与结果进行评估。如果体演不符合目的语文化要求，教师需要提供必要的语言或文化信息予以纠正，以便学习者植入正确、有效的故事记忆。

第三节　体演文化教学法的教学模式

吴伟克教授认为，中文课程有 2 种基本教学方式：学习式教学法（Learning Model Instruction，LMI）和习得式教学法（Acquisition Model Instruction，AMI）。基于此，在体演文化教学法原则的指导下，课程的基本教学模式包括 ACT 课型（演练课）、FACT 课型（阐释课）、影视课型（辅助课）。ACT 课型（演练课）专注汉语听说，师生只能说汉语；FACT 课型（阐释课）集中讲解语法理论知识，师生可以说英语；影视课型（辅助课）进行视听强化与运用，课程成绩实行每日评估。这几个简单的步骤可以创造出以学习者为中心的教学环境。

一、课程设置

美国外交学院（Foreign Service Institute，FSI）设立的语言学院，对语言熟练程度的等级设置是从 0 级（无任何运用能力）到 5 级（达到受过教育的本地人水平）。此评价体系中的 2 级，相当于美国外语教学委员会（American Council on the Teaching of Foreign Languages，ACTFL）制定的"语言熟练等级评价体系"中的高等水平。根据以英语为母语的学习者要达到指定熟练水平平均所需的时间，FSI 将各种外语分成 4 组，其中所需时间最长的是第四组语言，包括阿拉伯语、汉语、日语、韩语。

根据 FSI 的研究，以英语为母语的学习者，一般需要花费 1 320 个小时才能达到第四组语言的 2 级熟练水平。在一个典型的大学课程设置中，1 年中大约有 30 个星期的课程，外语课程一般每天上 1 个小时，那么 1 年中则有 150 个学时。按照这样的安排，学习者若想让汉语达到 2 级熟练水平，需要 8.8 年。无疑，这样的时间设置是不现实的。所以，外语课程设置必须提高教学的有效性，不仅仅要使学习者在有限的时间内获得最大的进步，更重要的是培养学习者的自学能力，使其在离开课堂教学后仍能自主学习。

俄亥俄州立大学东亚语言文学系便充分考虑了上述问题，将汉语课程分为 2 套课程系统：4 年普通课程系统和 3 年强化课程系统。

在普通课程系统里，教师会将"听、说、读、写"4 项技能合为"综合课"来进行授课，即第一年讲授初级课程，第二年讲授中级课程，第三年讲授中高级课程，第四年讲授高级课程或让学生进入"汉语旗舰工程项目"学习。

在强化课程系统里，第一年初级的课程与普通课程系统一样，教师会以"综合课"的方式来教授"听、说、读、写"4 项技能；第二年中级的课程，教师会将听说课与读写课分开进行；第三年高级的课程，教师会采用专项授课的形式进行，或让学生进入"汉语旗舰工程项目"学习。

值得注意的是，"听、说、读、写"4 种语言技能，在课程系统里的比例是随着时间与学习级别变化而变化的。这与体演文化教学法对口语和书面语的教学观念息息相关。

体演文化教学法的主要观点是，语言直接的表现形式是说话而不是写作，口语是放在首位的，其次才是书面语。因为口语与书面语在语言使用上有很大的不同，所以在讲授外语时，教师应该帮助学习者了解二者的区别，使其明白两种语言形式在使用时的不同，切不可把二者混为一谈。

在具体的教学中，教师应采取循序渐进的方式进行教学，而非在学习初期就均等地对待"听、说、读、写"4项技能。体演文化教学法把"听、说"技能作为发展其他语言能力的基础,教师会在语言交际技能的基础上,系统地介绍"读、写"技能。当然,将焦点放在口语上并不意味着要忽略书面语的重要性。体演文化教学法只是把语言的交际技能作为"读、写"技能的重要基础,希望学习者的"读、写"技能是建立在已经学过且练习过"听、说"技能的内容之上的。如果在初级课程起始阶段,就马上加入"读、写"训练,学习者需同时应付拼写法、词汇、语法、发音、语调等多种问题,必定会手忙脚乱、无力招架。因此,初级课程先集中于"听、说"技能的训练,再根据学习者所接触的内容,介绍"读、写"技能。到了中高级阶段,"读、写"技能将再次担任重要的角色。

下面我们来阐述一下"听、说、读、写"4项技能在体演文化教学法的课程设置中的具体体现。体演文化教学法把"听、说"技能合为一体,统称"口语技能"。此项技能又可细分为两种能力的训练:口语表达能力、口语运用能力。图2-1便显示了这4项技能在体演文化教学法的课程设计中的分布情况。

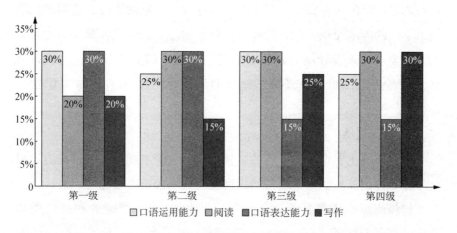

图2-1 "听、说、读、写"4项技能在体演文化教学法的课程设计中的分布情况

1. 口语表达能力训练

口语表达能力训练旨在训练学生不断扩展语言表达的能力。该训练可以考查学生在不同阶段掌握口语的能力,也可以循序渐进地提升学生

的口语能力。其教学手段包括课堂对话、句型操练、角色扮演、情景模拟等。教材中会加入目的语生活中现成的语言材料，诸如公共标语、广播录音、媒体影像等。在初级阶段，教师会尽量避免引入学生没有学过的词语和词组，LMI 占比较大，AMI 占比较小。到了高级阶段，学生已掌握多种语体和社会文化知识，并懂得在不同语境中做出适当的体演，AMI 的占比才会逐渐加大，并最终取代 LMI 的位置。

2. 口语运用能力训练

当学习者具备了基础交际的能力后，口语运用能力训练才会展开。这项训练旨在通过多方面途径，为学习者提供各种环境下的口语运用训练机会，能有效提高其口语运用技能。

在初级阶段，口语运用能力训练不太多。ACT 课型（演练课）占主导地位，FACT 课型（阐释课）可用英文授课。到了中级阶段，此训练的比重慢慢加大，并重点训练学习者提问的能力。教师会引导和鼓励学习者去"猜"，以此来锻炼学习者自我习得语言的能力。到了中高级阶段，教师可以利用影像、剧本及电影原声带，来帮助学习者练习如何在公众场合进行叙述。到了高级阶段，此训练的重心是帮助学习者掌握在目的语特定的工作或生活场景中恰当地进行交际的能力。这时的训练是为学生的需求而设计的，教师可以根据学习者的学习情况及其对未来工作的要求，来设计场景让学习者进行体演，诸如主持会议、举行晚宴、发表演说、充当翻译等。这时的训练也可看作一种专项定制的训练。

3. 阅读训练

阅读训练主要训练学习者的 2 种能力——识字能力和阅读能力，以及分辨 2 种语体的能力——口语表达能力和书面语书写能力。

初级阅读训练需要学习者在经过了大约 30 个学时的初级口语能力提升训练后才能进行。此时，学习者能正确发音，并了解汉语的基本特征，对学习环境里的要求也能基本遵循。因此，初级阅读训练的策略是将学习内容控制在初级口语训练的词汇和语法范围之内。初级阅读训练的目标是训练学习者利用上下文理解语义的能力，使其能区分口语和书面语，有节制地增加学习者的识字量，特别是对繁体字的识别。

中级阅读训练的策略是从口语过渡到书面语。一方面教师通过训练学习者用口头总结和复述课文内容的能力，来发展和巩固其口语能力；另一方面教师有系统、有节制地把书面语引入教学之中，让学习者慢慢将口语能力转变为阅读能力。

中高级阅读训练的策略是以 AMI 为主，侧重训练学习者阅读文章的技巧。其训练的策略是先让学生能够从书本中获取核心信息，然后让其以口语的方式进行阐述。

高级阅读训练的策略是将重心放在阅读效率的提高和各种文体的熟练运用上，让学生能够真正读懂课文的内容，并尝试用其他文体对课文进行讲述。

4. 写作训练

初级写作训练是将汉字书写系统地介绍给初学者，教授其识字的技巧。中级写作训练除了要增加学习者的识字量外，还会加入书面语写作的简单介绍。中高级写作训练是着重关注汉语学习中较常见的某些文体或某类语言形式的训练，方便学习者熟悉各种文体和语言形式。高级写作训练则是专项定制训练，是为有特殊写作需求的学习者而专门设计的。

需要指出的是，体演文化教学法没有传统汉字教学的手写汉字训练部分。该教学法认为，写作训练的重心是写作本身，需要手写的训练内容属于书法练习，加之目前用电脑书写已是大势所趋，所以这部分内容就在写作训练中略去了。至于这种做法是否合理，本书暂不加以评判。

二、课程模式

要了解体演文化教学法的课程模式，必须理解什么是学习式教学，什么是习得式教学，二者之间是什么关系，以及在实际教学中二者各占的比重，等等。

1. 两种基本教学方式

LMI 注重语言知识的学习，诸如句型、词汇、文化习俗，以及在特定情境下恰当的语言回应等。初级汉语课程只能使用 LMI，因为初学者没有相关的语言文化知识进行辅助。LMI 通过发展学习者利用教学资源的能力，来增进其适应目的语情境的语言技能。学习者通过对话、句型操练、模拟情境等一系列方法，循序渐进地实践和提高相关知识和技能。当学习者的文化知识和语言技能积累到一定程度时，他们就可以恰当地对新情境进行回应。此时，LMI 在课程中的比例便会逐渐减少。

AMI 关注语言学习的方法，主要是教授学习者在恰当的时间和地点使用汉语的各种策略和技巧。AMI 的应用不是为了增加学习者的词汇量，而是旨在提供各种机会让学习者运用语言能力来解决问题。AMI 希望达到的目标是让学习者能够在目的语环境中一边使用目的语，一边拓展目的语文化知识。也就是说，AMI 是训练学习者利用语言和文化的宏观与微观系统来进行自我提高，用目的语来学习目的语的。所以，AMI 比 LMI 考虑得更为长远。

AMI 在初级阶段的教学中所占比例不大，但随着学习者水平的提高，AMI 在教学中会越来越重要，到了高级阶段甚至会成为重要的教学方式。LMI 和 AMI 之间的比例调配决定了课程教学等级的高低。图 2-2 显示的便是 LMI 和 AMI 在 4 个课程等级中的比例变化。

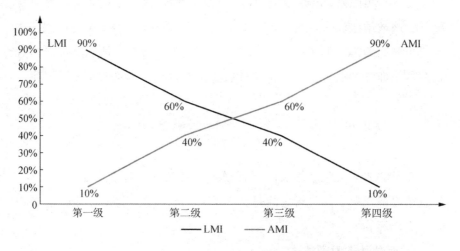

图 2-2　LMI 和 AMI 在 4 个课程等级中的比例变化

2. 三种教学课型

不论是 LMI 还是 AMI，这 2 种教学方式都需要用到以下 3 种教学课型：ACT 课型（演练课）、FACT 课型（阐释课）、影视课型（辅助课）。

3 种教学课型模式包括了演绎和归纳的教学风格。纯粹的演绎教学会使学习者具有良好的理解语言知识与文化的基础，但又会使他们在面对理论性的文化规范时缺乏信心。而纯粹的归纳教学会使学习者从语法点和文化知识的讨论与解释中受益，但又会使学习者在使用和理解文化背景时受到限制。因此，ACT 课型（演练课）、FACT 课型（阐释课）、影视课型（辅助课）三者相结合的教学方式，能为学习者提供比较全面的设想，既可以使他们有机会进行体演实践，又能明确地告知他们进行该实践的原因。

（1）ACT 课型（演练课）

ACT 课型（演练课）旨在让学习者进行合乎目的语文化规范的体演。学习者需要用目的语来尽力模仿身处目的语社会的状态。在 ACT 课型（演练课）上，学习者是主角，负责大量的对话或阅读任务。教师不似传统课堂的教师，不是教学的中心，反而扮演配角，只负责引领和指导学习者进行体演活动。教师的这种角色身份，与戏剧导演相似，即只在旁边教导和纠正学习者如何说、说什么，以及引导其与其他学习者进行交际。教师尽力为学习者提供大量机会，设计体演活动使其能够运用在 FACT 课型（阐释课）或其他教学环境中所学到的理论性知识。为了确保所有学习者都有机会充分进行体演活动，ACT 课型（演练课）为小班教学，学习者不超过 15 名。具体课程安排如下：

学习者先要记住课本中的对话内容，并准备好到课堂上进行表演。教师将用各种各样的教具为体演设定情境，并通过设计对话以唤起学习者对课文的记忆。然后，学习者会被随机地叫到教室中心进行体演对话。这时，学习者不能参考任何课本或笔记，且不能只复述课本内容，还须尽力做到生活化的表演，比如做出一些恰当的非言语行为，类似鞠躬、握手等。

需要注意的是，ACT课型（演练课）中的体演分为2个部分：训练和运用。训练是对课本内容的重复与强化，旨在帮助学习者搭建现实体演的架构。因此，训练在课堂上所占的时间不多，但又十分必要。运用则是没有预设答案的体演。学习者需要运用训练过的材料来进行即兴回应。不管是训练还是运用，这些体演练习都必须是真实、可行的，并且是在目的语文化下可能出现的语言。因此，教师应根据现实生活的场景来为学习者的体演设计活动。当初学者建立了语言基础，就可以根据教师提供的材料，创造出符合上下文语境的真实对话。教师可在此基础上提出问题，以帮助学习者理解和使用更多的目的语。

ACT课型（演练课）在体演文化教学法中占有相当重要的比例，90%以上的教学课程都是ACT课型（演练课）。在ACT课型（演练课）中，师生都必须且只能用目的语进行演练。

(2) FACT课型（阐释课）

FACT课型（阐释课）用于集中讨论目的语的语言和文化，旨在帮助学习者建立认知上的理解，以便为体演活动做准备。因此，一般情况下，在3～4节ACT课型（演练课）后，应该有1节课是FACT课型（阐释课）。在FACT课型（阐释课）上，教师需要用能进行有效沟通的语言来授课，所以在汉语教学中，初级阶段的FACT课型（阐释课）多以英语进行教学，到了高级阶段才会转为汉语。

FACT课型（阐释课）的教师角色，比较像是教练，即帮助学习者发现语言文化知识，而不是以讲课的形式介绍每个语言点。在FACT课型（阐释课）中，教师不仅要帮助学习者了解语法结构，还要帮助学习者了解语言的不同体裁和风格，以及语言的社会与文化含义等。FACT课型（阐释课）希望能为学习者提供一个展示和谈论目的语语言和文化的好机会，所以可包含多项学习内容，诸如词汇用法、语法样式、语音语调、社会文化问题、读写惯例等。学生被鼓励积极提问，可自由询问有关词汇、语法、文化等问题。

体演文化教学法关注较多的是学习者的语言运用能力，因此ACT课型（演练课）是体演文化教学法的核心，而FACT课型（阐释课）则是为ACT课型（演练课）的体演应用提供支持的。ACT课型

（演练课）和 FACT 课型（阐释课）相辅相成，为学习者发展自学能力及进行合乎文化规范的交流活动提供了一个均衡的学习方式。

（3）影视课型（辅助课）

带有辅助学习作用的剧本、电影、电视节目和录音材料，是训练学习者应对教学设计之外的语言的主要材料。影视课型（辅助课）便是对 ACT 课型（演练课）和 FACT 课型（阐释课）的良好补充。教师可以借助这些材料，引导学生关注剧中人物的言语行为及其语用功能，而不仅仅是话语本身。

每一阶段只学一部电影或一集电视剧。初级汉语课程选取的电影材料多为日常生活的对话，诸如问候、问路、交友、谈笑等。中级汉语课程选取的电影材料多关注中美文化差异、老北京的生活方式、中国人的传统观念与思想道德等。高级汉语课程则是教师引导学生通过电视剧和访谈节目进行学习，选取的影视材料为北京电视艺术中心与北京世纪星润影视投资咨询有限公司联合出品的 33 集电视剧《春草》，以及中央电视台的"实话实说"栏目视频。

每一部电影或一集电视剧都被切分为 10 个片段，每个片段上有 3 个课时，但在 3 次课堂教学中，影视片段被使用的情况各不相同。

在第一次课堂教学中，学生自主提问。学生先在课下根据注音的剧本研读好已有的视听材料，然后在课上跟随教师的引导，询问影视片段的具体内容细节。每个学生要求准备至少 5 个与影视片段相关的内容，便于教师检测其是否做好了预习的准备。

在第二次课堂教学中，学生回答提问。经过了第一次课的问题解答，学生已经慢慢明白影视片段的相关内容。为了核实和加深学生对影视片段的理解，教师将再次根据相同片段提出类似或更深入的问题，让学生回答。每个学生将有 5 次被提问的机会，便于教师检测其是否完全领会了片段表达的含义。

在第三次课堂教学中，学生需完整复述练习内容。通过 2 个课时的引导与阐释，学生应该熟悉和理解了影视片段的内容。于是，到了最后一次课，学生会被教师邀请上台，根据截取的影视片段进行流畅的、可持续性的复述。每个学生都将上台面对全班学生进行复述，时间为 1～

2分钟。教师原则上只评分，以此判断学生对这部分影视片段中词汇和结构的掌握情况。

影视课型（辅助课）的重心是可持续性的复述。之所以强调复述，是因为复述是一种复杂的表达能力，需要学生对词汇和结构有较为深入的理解。在课堂上，这种不断重复的中文交流训练，加上影像的辅助，使得学生可以逐渐掌握在公开场合使用目的语详细描述语境的能力。同时，该课型通过其多元的视听效果，减少了语言学习的枯燥感，吸引学生对中国文化产生浓厚的兴趣。影视片段的视觉冲击和听觉环绕，也会强化学生对课本内容的记忆，最后达到语言内化的效果。

三、评估体系

体演文化教学法强调每日评估。该教学法认为学习一门语言就是学习一门技能，学生在期末考试中的表现并不能完全展示其真正具备的知识水平。虽然测验和检查是课程设置的一部分，但这只在学生的整体成绩中占相对小的一部分，教师会将更多的注意力放在学生平时的每日体演表现上。随着时间的推移，学生会在日复一日的体演活动中展现出较高的学习素质，这将为教师准确地评价学生的语言学习能力提供全面的资料。最重要的是，坚持不懈的努力是发展语言运用能力的重要因素。每日评估可以为学习者提供及时的反馈，激励学生进行扎实的预习和更好的体演活动。同时，学生在每日评估后做出的反馈，也可以帮助教师对其教授的内容做出适当的调整。因此，每日评估是检测学生语言能力的必要手段。

在每日评估体系中，评估的内容不仅包括语言形式，还包括符合目的语文化规范的相关交际行为。"4分评级制"被视为评估的有效标准。评分为4分表明学习者在体演活动的范围内，可以像本地人一样进行交流。评分为1分表明学习者缺乏基本的语言交际能力。具体的评分标准如下：

评分为4分：准备工作做得扎实，并且体演活动与文化规范完全一致。与当地人交流时基本没有障碍，其说话方式不会使当地人感到不适或产生误解，能自我纠正语病。

评分为 3.5 分：准备工作做得很好，体演活动演练扎实，与当地人交流时很少产生困难、不适或被误解。虽然在词汇和语法上有几个明显的错误，可能妨碍沟通，但很多时候能自我纠正语病。

评分为 3 分：准备工作做得好，体演活动演练充分，与当地人沟通时可能产生困难、不适或被误解。在词汇和语法上有明显的错误，需要他人（教师、同学）进行更正。

评分为 2.5 分：准备工作做得较好，体演活动演练较充分，但与当地人沟通时，容易产生困难、不适或被误解，很难自己纠正语病，只能依靠他人进行更正。

评分为 2 分：准备工作做得不足，体演活动演练不充分，与当地人沟通时会使其感到困惑，甚至无所适从，通常需要他人（多为教师）进行反复纠正。

评分为 1.5 分：几乎完全没有准备，其体演活动演练不充分，与当地人沟通时容易产生强烈的不适或被误解，只有在教师的反复纠正和指导下才能与他人进行交谈。

评分为 1 分：出席，但没有参与体演活动，或不具备体演能力。

评分为 0 分：缺席。

教师在开课初期说明哪些内容会被评估及其评估细则。每日评估体系设定的目的是帮助学习者营造自学条件，让学习者能意识到自身的错误且能及时进行自我更正。

第四节　体演文化教学法与其他教学法的比较

在当今的语言教学过程中，无数新型的第二语言教学法在不断地涌现。那么，如何判断一个新兴的教学法是否值得被剖析和研究呢？突出的教学成果是一大前提，除此以外，还要看其与别的教学法相比，它的优势在哪里。所以，我们将教学法进行比较研究是切实可行的。体演文化教学法虽然是一种新兴的教学法，但它是在总结了前人的一些教学经验且融合了前沿的教学理念的基础上发展起来的。因此，本书将着重比较与之相关或相似的几种教学法。

一、与传统 3P 教学法的比较

传统的 3P 教学法是指课程模式为呈现（presentation）、操练（practice）和表达（production）的教学法，是从语言结构角度出发来安排课堂教学的。该教学法将目的语的语言系统细分为一个个小的语言点，授课时依照难度等级逐个教授，在操练时由单项训练慢慢转向综合训练，旨在保证教学过程的循序渐进。传统的 3P 教学法以教师为主角，教学步骤明晰，教学环节明确，十分便于教师进行操作和掌控。

3P 教学法的教学理念是学习者会自动将学到的语言知识，整合进自身的目的语系统中，到了真实的交际情境里，他们也能综合运用这些知识来进行交流。但是，在实际的语言学习中，学习者需要足够的交际场景来进行训练，以促成语言能力转化为交际能力。所以，从这个角度来看，传统的 3P 教学法更重视语言结构与形式的教学，而忽略了学习者交际能力的内化过程。

体演文化教学法与 3P 教学法的理念完全不同，它是从语言交际的角度出发来设计和安排教学的。该教学法以体演为核心，将语言运用置于核心地位，满足了学习者实践运用的需求；又以文化为教学内容，考虑到了学习者在真实目的语环境中的理解和运用能力；在教学过程中以 ACT 课型（演练课）为主要教学模式，创造出让学习者循序渐进地掌握语言知识的教学环境。从这些方面来看，体演文化教学法比 3P 教学法更贴合学习者语言交际的需求，因此，它的兴起与发展是有较大的必然性的。

二、与情境教学法的比较

体演文化教学法的基本理念与建构主义所提倡的情境教学法是基本一致的。情境教学法的核心思想是要求语言教学能解决现实事件或实际问题，这也正是体演文化教学法的教学主旨。体演文化教学法与情境教学法有很多相似之处：一是情境教学法将解决现实生活中出现的实际问题作为教学目标，所以要求教学内容要与现实情境相契合，体演文化教学法与之想法相同；二是在情境教学中，教师只会在课堂上对学生进行引导，而不会教学生如何去做，这一点也和体演文化教学法一致；三是在情境教学中，教师并不要求学生对问题的解决方式完全相同，允许他们得出多种可能的答案，这种方式恰恰能促使学生进一步探索，增强其学习的动力，同时也增加其自主学习的信心，这种教学思想也是体演文化教学法所倡导的；四是每个需要解决的情境问题都较为复杂，情境教学法希望培养学生独立学习的能力，并希望学生能由此获得全方位的知识，在这一点上，体演文化教学法具备由易到难的体演系统，照顾到了学生的学习进度和能力。

不过，情境教学法虽然强调创设真实的情境，却没有建立起一个连贯的情境学习系统，且对学习者的问题解决没有客观、理性的评估和判断。相比之下，体演文化教学法不仅有一套完整系统的教材与教法，可以让学习者在情境体演中建构起由低到高的语言能力；并且时刻有每日评估体系对学习者所学的内容进行监控和指导。因此，相比之下，体演文化教学法更能有的放矢地安排教学，按部就班地提升学习者的汉语综合能力。

三、与交际型教学法的比较

体演文化教学法和交际教学法也有非常多的相似之处：一是二者都强调语言功能与意义的重要性，认为语言交际是语言学习的主要目的，因此，在课堂教学中，教师都尽力创设与现实生活类似的交际场景，为学习者尽可能多地提供用目的语进行交际的机会；二是二者都强调学习者应从整体上对语言进行理解和领悟，不仅要"听、说、读、写"4项语言技能综合发展，还要结合文化语境进行教学，语言的流畅性和得体度是衡量学习者交际能力强弱的标准；三是二者都重视互动学习，强调意义交流协商和文化背景知识对语言交际能力的促进作用。

体演文化教学法与交际教学法也有一些显而易见的差异：一是在课堂组织上，交际教学法的各项教学活动都是独立进行的，前后并未有明显的连续性与发展性，而体演文化教学法的全部教学活动都存在内在的承续性，各项技能的安排也遵循由低到高的难度排列顺序；二是交际教学法十分强调语言的交际功能，但稍稍忽略了语言结构准确的重要性，所以在具体的教学过程中常常一味重视流畅，显得有失偏颇，而体演文化教学法恰恰考虑到了语言流畅性和准确性之间的平衡。FACT 课型（阐释课）的设置就是体演文化教学法关注语言准确性的一种创新设计，而每日评估体系也是培养与督促学习者自觉学习和主动修正语言结构问题的形成性评价体系。

因此，体演文化教学法体现了对交际型教学法的继承与发展。它不仅吸收了交际型教学法的精髓，更青出于蓝，设计出了均衡、全面的语言教学体系。

四、与任务型教学法的比较

任务型教学法是当今第二语言教学法中颇为流行的一种教学法。它强调在"做中学"，力图把语言应用转化为完成实际任务的语言能力。学习者在教师的指导下，通过感知体验、参与合作来完成各类任务，从而达到掌握语言知识和能力的目的。

任务型教学法也可以说是交际型教学法的一种发展，它与交际型教学法存在很多相似之处。如：强调通过语言交流训练来培养学习者的语言交际能力；重视创设真实的语言情境，并引导学习者主动参与；等等。任务型教学法也与体演文化教学法有一些相通的地方。如：要求将课堂内的语言学习与课堂外的语言活动结合起来；要求学生扮演各种不同的社会角色来进行实践；要求每个设置的情境都要具有一定的社会文化背景；等等。

但是，任务型教学法与体演文化教学法的区别在于：一是任务型教学法是以任务为教学中心的，强调任务活动进行的过程和完成任务的结果，而体演文化教学法关注的是体演全局，包括体演内容、文化内涵、情境意义等；二是任务型教学法主要以一个任务是否完成来衡量此任务是否成功，而体演文化教学法强调的是体演活动本身，即学习者从体演活动中领悟了什么、获得了什么，至于体演有何结果并不重要，有时甚至设计的场景就是一个非任务性的交际情境。由此可见，体演文化教学法对语言教学的设计更加全面、深刻，既关注了语言的交际性，又顾及了语言的整体性，对学习者语言综合能力的提高大有裨益。

五、体演文化教学法的优势

综上所述，体演文化教学法比起上述这些教学法，在语言教学上更具有以下四种突出优势：

第一，教学理念更贴合学习者自我建构语言能力体系的要求。

第二，教学设计循序渐进，前后联系紧密，更具系统性。

第三，每日评估体系对学习者的语言准确度和流畅度更具监督作用和指导意义。

第四，教学内容强调了语言的文化内涵，使学习者的语言交际更加准确和合理。

# 第三章

ACT 课型（演练课）的教师教学行为研究

在第二章里，本书已经简单地介绍了体演文化教学法的教学模式。从中我们可以看出，口语课是体演文化教学法的核心课程，学习者取得的优良口语水平也正是体演文化教学法突出的教学成果之一。因此，要构建体演文化教学法的理论框架，口语课的理论研究是必不可少的。所以我们将在本章及第四章重点阐释和分析体演文化教学法指导下的口语课中的教师课堂教学行为。

本章及第四章所有展示的教学案例均来自美国俄亥俄州立大学东亚语言文学系 2010—2011 年的各类汉语口语课程的课堂录像与录音。所有录像与录音均在授课教师与学生的同意下进行。文中所展示的师生对话与说明文字均由上述课堂录像与录音转写而成。并且，为了尽量保证课堂教学的真实性，笔者基本未做修改。同时，为了保护授课教师与学生的个人隐私，案例中的师生姓名均用字母代替。

作为体演文化教学法最重要的课型之一，ACT 课型（演练课）中的教师课堂教学行为最能体现体演文化教学法的理论基础与实践操作。在此课型中，教师的主要课堂行为有以下 4 种：呈示行为、指导行为、评价行为和纠错行为。

第一节　ACT 课型（演练课）的教师呈示行为研究

体演文化教学法强调为学习者积极创设多种模拟现实的情境，促进学生第二语言世界观的建构。因此，情境创设就是汉语教师课堂教学设

计中重要的一环,其中呈示行为便是创设教学情境主要的教学方式。教师通过课堂呈示行为,将模拟现实的场景在课堂上进行展现:一方面,让学生迅速理解创设情境的内容、背景、角色等;另一方面,把握好难度等级帮助学生顺利进行体演活动,增强其学习能力。

一、教师呈示行为分析

体演文化教学法的教师呈示行为主要有 4 种表现方式:多媒体呈示、道具呈示、板书呈示、肢体呈示。其中,多媒体呈示和道具呈示使用较多,肢体呈示多为辅助,板书呈示则相对较少。

1. 多媒体呈示

教师为了给学生营造尽量真实的体演情境,在课堂教学中多采用多媒体课件(PPT)来作为呈示手段。由于体演活动的主要内容基本已由教材决定,因此,如何吸引学习者投入体演活动,教师多会在场景设置和角色展示上下功夫。多数教师会选用鲜艳醒目的图片来刺激学习者的视觉神经,暗示其尽快融入体演情境。另外,大家耳熟能详的明星或公众人物也多被教师用来代表体演活动的角色。在这样精心的设计下,学习者会更加积极地投入任务繁重的课堂体演中。需要特别说明的是,在初级阶段,由于 ACT 课型(演练课)要尽力避免教师口头使用学习者的母语,但碍于学习者的汉语水平又还处于起步阶段,因此,多数教师会在 PPT 展示上辅以英语说明,以帮助学习者正确理解脚本内容,能够无障碍地进行体演活动。

[案例展示]:103-10-08[1]

教师 Z 播放 PPT,上面显示的地点是办公室茶水间,时间是早上 10 点,角色分别为课本上的人物欧阳丽和华小慧,辅助角色选用的是知名女星 Lady Gaga 和卡通人物老夫子。教师用英文辅以说明:这段对话主要练习"和……结婚"这个语言点。

---

[1] "103"代表俄亥俄州立大学东亚语言文学系的汉语课程编号、"10"代表月份、"08"代表日期,后面的案例展示说明参照此释义。

教师 Z："好，你们看，他们现在在哪儿？"

学生们："他们在办公室……休息的地方。"

教师 Z："很好。办公室休息的地方怎么说？"

学生们："（不齐）休息……"

教师 Z："（手势）来，跟我说，休息室。"

学生们："休息室。"（练习几遍）

教师 Z："（指角色）他们是谁？"

学生们："欧阳丽和华小慧。"

教师 Z："很好。他们要问谁的事情？"（指向老夫子）

学生们："老王。"

教师 Z："很好。（指向英文说明）懂了吗？好，（走到扮演华小慧的学生 A 处）来。小慧，你今天看到老王了吗？"

学生 A："你不知道吗？老王请假了，他今天结婚。"

教师 Z："啊？他和谁结婚啊？"

学生 A："他和 Lady Gaga 结婚。"

教师 Z："（面向全班）懂了吗？"

[案例分析]：在此案例中，教师 Z 首先选取了课本原有的图画素材，又自行添加了国产漫画"老夫子"的形象，再加入了在国外非常受欢迎的女歌手 Lady Gaga 作为体演活动的辅助角色，让原本比较呆板的体演活动内容，变得趣味横生。学生们因为知道 Lady Gaga，所以当教师把"老夫子"与她放到一起时，学生们会感受到强烈的反差，因而产生幽默诙谐的教学效果。事实上，在教学现场，学生们确实当场哄笑起来，课堂气氛也变得十分活泼轻松。这样的体演活动内容，由于出人意料，使学生们印象深刻，也因此令其自然地把"和……结婚"的语言点记在了心里。这样的多媒体呈示，起到了加深语言点输入的作用，值得广大教学工作者借鉴和学习。

2. 道具呈示

除了多媒体呈示以外，一些教师为了营造更加生动逼真的情境，还会采取道具呈示的方式来布置现场。例如，教师使用教室里的课桌与板凳，打造基本环境，再辅以相关道具来帮助学生进入角色，顺利体演。

应该说，道具呈示比多媒体呈示更能体现场景的真实性，对学生的理解记忆更有帮助。但是，因为取材受限，所以在进行一些宏观场景的体演活动时，道具呈示就不如多媒体呈示方便、直观。

［案例展示］：210-03-26

教师K将讲台作为餐厅的后厨，把仿真餐具、刀叉、茶杯摆在讲台上。同时，教师K将一张课桌摆到教室中间，并配上两把椅子。此次体演活动的主题是"点菜"。

教师K："好，现在我们在一家餐厅。有人来吃饭，需要服务员来帮忙点餐。你们明白了吗？好，谁来当服务员？"

学生们："……"（等候教师点名）

教师K："没有人要来？好，那我只好自己点名了。嗯，A，你是服务员，B和C，你们是客人。好，请上台！"

学生B和学生C："服务员，我们要点菜。"

学生A："来了。"

教师K：（示意学生A拿菜单）。

学生A："（取一张纸作菜单）您好！这是我们的菜单。"

教师K：（示意学生A端茶杯）。

学生A："（端茶杯）啊，你们喝茶。不，你们请喝茶。"

［案例分析］：在此案例中，教师K使用现场小道具为学生们营造了一个仿真的餐馆环境。学生A通过"拿菜单""端茶杯"等亲力亲为的表演，对"点菜"这一主题有了切身的体悟。例如，一开始，学生A忘记给顾客菜单，后来又忘记给客人倒茶。而"菜单""茶杯"这两个道具，在真实生活中，是一定会在点菜的环节中出现的。所以，有了这样的道具辅助，在今后学生们真正有机会到中国餐厅点菜时，就能自然地想起这个场景，使用正确的语言了。

3. 板书呈示

板书呈示是传统教学法常用的呈示方式，其特点是方便快捷、指示清晰，但缺点是无法给学生直观的感受，给学生的印象不够深刻。因此，在体演文化教学法中，教师使用板书呈示较少。不过，偶尔在课堂时间有限、训练强度较大的时候，教师会采取这样的方式来加速体演活动的进程。一般情况下，教师会先在黑板上写出体演活动的地点、时间、人物、事件内容，然后与学生进行示范体演练习。

[案例展示]：101-09-28

教师 H 在黑板上写下"office"的字样，标注时间为 9：00 AM，又在教室中间的桌子上用粉笔写上"reception"。

教师 H："好，现在我们在哪儿？"

学生们："办公室。"

教师 H："（站到教室中间的桌子前）这里是办公室的什么地方？"

学生 A："请问 reception 用中文怎么说？"

教师 H："前台。"

学生们："（齐读）前台。"

教师 H："（做手势）请跟我读，前台。"

学生们："（齐读）前台。"（反复练习几次）

教师 H："很好。现在，你们来找刘经理。首先你们要到前台，告诉前台小姐。懂了吗？好，我现在是前台小姐。（指学生 B）你来找刘经理。"

学生 B："你好，我找刘经理。"

教师 H："请问，您贵姓？"

学生 B："我姓 X，叫 XXX。"

教师 H："哦，X 先生，请坐。"

[案例分析]：在此案例中，教师 H 通过简要的板书，给了学生们明确的场景提示，理清了时间、地点、人物关系，学生因此能迅速、正确地进入体演活动的情境。这样的呈示清晰快捷，既节约了教师 H 的课堂解释时间，又不会让学生们产生含混的理解。在进行一些比较简单的场景设置时，可以选择采用板书呈示。只是，这样的呈示相对而言没有什么新鲜感和趣味性，不太容易调动学生们的积极性。因此，这样的呈示行为在体演文化教学法的 ACT 课型（演练课）中并不多见。

4. 肢体呈示

肢体呈示并不能单独展示教学场景，在多数情况下，只作为辅助呈示行为来帮助教师设计教学情境。由于肢体动作较为直观，若教师的表现力够强,学生会在体演活动中,留下深刻的印象。因此,该呈示行为多被教风活泼的教师采用,既控制了教学时间,又活跃了课堂气氛,常常达到事半功倍的效果。

[**案例展示**]:101-11-21

教师 S 先拿出一张纸,上面写着"办公室 office"的字样,然后环绕教室向全体学生展示。接着,教师 S 再拿出两张纸片,上面分别书写"Bái Délún"和"Ōuyáng Lì"两个角色。

教师 S:"好。现在我们在(举起写有'办公室 office'字样的纸片)办公室。办公室,懂了吗?"

学生们:"(点头)懂了。"

教师 S:"(举起写有两个角色名字的纸片)白德伦来找欧阳丽,看到一个人,以为是张教授。张教授,记得吗?(用肢体展示对方是个胖子)这个人是张教授吗?"

学生们:"不是。"

教师 S:"为什么不是?"

学生们:"(七嘴八舌)张教授……胖,胖一点。"

教师 S:"张教授胖一点。嗯,不完整。再想想,课文里是怎么说的?"

学生 A:"张教授比……胖一点?比他……"

教师 S:"嗯,来,(用手势引导学生跟读)张教授比他胖一点。"(用肢体展示胖的形象)

学生们:"(齐读)张教授比他胖一点。"(反复练习几遍)

教师 S:"好。这个人不是张教授(摆手)。张教授比他胖一点,所以他……"(用肢体展示瘦的形象)

学生 B:"他比张教授瘦一点。"

教师 S:"很好。他比张教授瘦一点,还可以怎么说?"(用肢体展示瘦的形象)

学生 C:"他比较张教授瘦。"

教师 S:"嗯,不对。应该这样说,他比较瘦。(用肢体示意全班一起跟读)来,他比较瘦。"

学生们："（齐读）他比较瘦。"（反复练习几遍）

教师 S："好，懂了吗？明白了吗？好，我们请同学来练习。"

[案例分析]：在此案例中，教师 S 通过肢体呈示，让学生们明白了"胖""瘦"的区别，并纠正了学生 A"张教授比……胖一点"的错误，由此提示了学生 A 如何正确运用"比……胖/瘦一点"这个语言点。教师 S 的肢体呈示非常形象生动，学生们在教师 S 的引导下，快速地记住了"比较"的语言点。教师 S 在此时又适时地使用教读的方式强化了学生们的记忆。课堂气氛活跃和谐，十分有利于学生们对知识的吸收。

二、教师呈示行为的理论支撑

在分析了体演文化教学法的教师呈示行为后，我们发现以上 4 种呈示行为，与传统的教师呈示行为有所不同。以往的教师呈示行为，多旨在向学习者介绍语言知识或语法规则，体演文化教学法中的教师呈示行为则多是在为学习者营造体演情境。虽然其中也包括了语言点的展示，但这并不是该呈示行为的核心，而是为了帮助学习者构建自我感知的体演记忆。

由此可知，在体演文化教学法指导下的教师呈示行为，其理论基础是与该教学法的教学理念紧密结合的。只有依靠这些特有的教学理论的指导，教师才能在实践操作中表现出这些呈示行为的特点。

1. 布鲁纳的"发现学习"理论的体现

布鲁纳的"发现学习"理论是在皮亚杰的认知语言理论基础上发展而来的。所谓"发现学习"，就是指学生在教学情景中通过自己的寻找和探索，来获得问题答案的学习方式，其主要内容是让学生自我发现与自我学习。布鲁纳认为，学生的心智发展主要遵循其特有的认知程序，虽然会在一定程度上受到环境的影响，但只给予学习内容，是不会加速学习者自身内化的，必须让他们自己去发现、去思索、去整合，才能形成属于他们自己的知识经验。因此，布鲁纳强调，教学的主要任务是配合学生身心的发展，教学生如何思维、如何参与、如何从教学活动中发现规则。

"发现学习"[1]理论的特征主要有以下4点：

（1）强调学习过程

布鲁纳认为，在教学过程中，教师的作用不是提供现成的知识，而是要创设一种让学生能够独立学习的情境，要让学生自己去思考，并积极参与获得知识的过程。学生不是消极被动的知识接受者，而是积极主动的知识探究者。

（2）强调直觉思维

直觉思维与分析思维不同，它不根据规定的步骤来进行思考，而是采取越级、跃进或走捷径的方式来进行思索。布鲁纳认为，直觉思维在科学发现中的作用十分重大，其本质是影像性的。因此，教师要在学生的探究活动中，努力帮助他们展开丰富的想象。

（3）强调内在动机

在一般情况下，学生的学习动机都来自外部，诸如为了获得好成绩、与同学竞争、得到奖励等。布鲁纳认为，形成学生的内部动机，让学生对自己提出新的要求和挑战，更能促使学生认真学习。所以，如何让学生产生内在的学习动机并拥有强烈的驱动力，是该理论的重要命题。

（4）强调信息的有效提取

布鲁纳认为，人类记忆的首要问题不是储存，而是提取。信息能否提取，关键在于信息在储存时是如何组织的。语言学习通常涉及大量记忆，如果储存时只是单纯的机械记忆，没有包含学习者主体的积极参与，那么这些存入大脑的信息就不会与学习者的语言认知系统建立起紧密联系。当学生需要提取语言记忆时，这些信息就很难被准确地提取出来。只有当学生亲自参与发现知识的过程时，才会用自身认知找到适宜的方式对信息加以组织，从而形成可以随时提取的语言记忆。

体演文化教学法的教师呈示行为，在相当程度上体现了上述"发现学习"理论的特征。

首先，教师呈示行为的主要思想是，语言学习并不是传授性的，而

---

[1] 施良方. 学习论 [M]. 北京：人民教育出版社，2001：230-232.

是经历性的。教师主要是通过呈示信息，让学生感受到语言的输入与使用。因此，课堂教学重在让学生参与学习的过程，而不是重在教师对语言细节的教授过程。

其次，教师并不是直接呈现或讲解语言形式、语法规则等，而是提供体演活动的背景信息，将大部分语言知识隐藏其中。学生通过积极参与体演活动，在实践过程中去领悟、归纳、内化这些语言点。

再次，教师呈示的体演情境多种多样，但只是给予了学生一些必要的基础信息，以此来吸引学生产生发现知识的兴趣。这种呈示行为本身就具有挑战性，会让学生在成功完成体演活动后，获得自信心与成就感，激发其形成内部学习的动机。

最后，教师呈示行为给学生的记忆存储创设了良好的输入情境。学生在体演中将呈示场景与内容生成信息，组织成属于个人的真实语言，那么在将来的现实环境中进行交流时，这部分信息的提取就会十分有效和快捷，并且这样非机械输入的记忆会逐步转化为长时记忆。

2. 模因理论的体现

模因理论是基于达尔文进化论而提出的一种新型语言理论。模因（meme）一词最早出现在牛津大学著名动物学家和行为生态学家道金斯撰写的《自私的基因》（*The Selfish Gene*）一书中。在书中，作者认为，人类文化进化的基本单位是模因，它是指在文化领域内人与人之间相互模仿、散播开来的思想或主意。后来，海拉恩总结出了模因复制的4个阶段[1]：

（1）同化

同化是指一个语言模因被学习者注意、理解和接受，进而被纳入其认知体系。同化的前提是，该语言模因在形式上独特新颖，且让人耳目一新，由此引起了学习者的好奇心，进而被关注和理解。同时，该语言模因也在一定程度上与学习者自身的认知体系有相似之处，即不会大大超出学习者可以理解和接受的范围，这样该语言模因才会顺

---

[1] Heylighen, F. Selfish memes and the evolution of cooperation [J]. *A Journal of Ideas*, 1992（4）：77-84.

利地被学习者纳为己用。

（2）记忆

学习者仅仅认可了某个语言模因还不够，因为短时记忆如果不加以重复和巩固，很快就会被其他信息所覆盖。因此，学习者在接受了某个语言模因后，还需要通过自身和外界的帮助，在头脑中为其添加各种语义、语用意义和功能，让该语言模因在记忆中停留的时间逐步变长，形成长时记忆。这样，该语言模因的记忆阶段才得以完成。

（3）表达

语言模因被顺利记忆后，还需要通过交流和表达被他人感知。学习者在与他人进行交流时，必须从记忆中将语言模因提取出来，加以转化重组，形成合乎社会文化规范的语言形式，再将其表达出来。这一阶段包含了语言模因的复制、转化和输出过程，是模因理论中重要的一环。

（4）传播

语言模因的传播需要有形载体，可以是文字、图像、影音等人工制品。通过这些有形的载体，语言模因将更具稳定性，逐渐在学习者的记忆与运用中根深蒂固。

这4个阶段周而复始，形成一个不断复制、提炼的进程，最终会让学习者牢牢记住那些适宜交流的语言模因。

体演文化教学法的教师呈示行为也在一定程度上反映了模因理论的基本特征。一是教师采用多种形式各异的呈示行为，来吸引学习者关注所授语言点，整个教师呈示行为展示的体演情境便成为最初引起学习者关注的语言模因；二是在多种多样的教师呈示行为下，学习者对同一体演活动内容有了多次深刻的记忆，于是，隐含语言点的体演活动呈示就被不断植入了学习者的深层记忆中；三是训练阶段的教师呈示行为又为学习者的语言模因展示提供了分门别类的体演情境，促使学习者在一次又一次的体演活动交流中将此语言模因固化，最后变为自身认知体系的一部分；四是教师呈示行为多取材于体演文化教学法的教材与辅助资料，这些材料会在学习者的课后预习与复习中起到稳定语言模因的作用。这样日积月累的教学呈示过程，终会为学习者的自身语言体系建构提供不可或缺的辅助作用。

第二节　ACT 课型（演练课）的教师指导行为研究

为了让学习者充当课堂的主要角色，在课堂教学中，教师会提供一些激发思考和知识构建的话题或场景，让学习者进行讨论。通过同伴交流、小组讨论等形式，学习者能够自由思考和表达自己的观点，与同伴合作解决问题，从而将语言知识顺理成章地吸收与接受。教师在教学过程中起到了组织者、帮助者和促进者的作用，让每个学习者都大胆地参与探讨，充分锻炼其交际能力。不过，为了更好地引导学习者理解语言点、练习重难点、记住知识点，教师指导行为就显得格外重要。

一、教师指导行为分析

在体演文化教学法的 ACT 课型（演练课）中，教师指导行为多发生在知识点体演练习之后的操练练习中。学习者已经通过几轮体演活动，理解了所授知识点的内容，教师此时安排一些合作练习，改变一成不变的体演模式，让学生重燃热情，投入积极主动的训练与讨论中。一般情况下，2~3 人为一组，自由交流练习。教师有时会调整学习者的座位，尽量注意学习者能力水平的搭配。之后，教师会在教室里来回巡视，加以指导。这样的教师指导行为一般占课堂教学的 1/3 或 1/4，是学习者体演学习的良好补充。教师指导行为主要分为 2 种：言语式指导和非言语式指导。

1. 言语式指导

顾名思义，言语式指导是指教师在指导过程中使用言语作为主要的指导工具。这也是比较常见、有效的教师指导行为。如何在短时间内，给学生又快又准确的指导帮助，言语表达自然颇具优势。在 ACT 课型（演练课）中，教师在教室内进行巡视，以每个讨论小组为单位，给予其关注和帮助。不过，教师的言语式指导在这里并非千篇一律，又可细分为以下 3 种指导行为。

（1）启发式指导

启发式指导是指教师没有直接将学习者想要知道的答案告诉他，而是采取诱导、启迪等间接的表达方式来鼓励学习者自己去寻找答案。这种指导行为体现了体演文化教学法的建构主义思想，通过让学习者自己猜出答案，加深其学习的记忆。当下次再遇到同样的问题时，学习者就会自如地从记忆中找到正确答案了。在 ACT 课型（演练课）中，教师多选择这种指导行为，且不放过任何一个让学习者自主学习的机会。

[案例展示]：310-04-08

教师 Z 发练习题让学生训练"询问距离"的话题。学生以 2 人为一组，进行自由问答。教师 Z 在教室里自由巡视，聆听学生之间的对话，并予以指导。

学生 A："北京到纽约远吗？"

学生 B："很远，有 15 千……15 千米。"

教师 Z："不对。（板书 15 000）这是多少？"

学生 B："（做思索状）10……嗯，10 000，5 000。"

教师 Z："对了。15 000，不是 15 千。Kilometer 的中文怎么说？"

学生 B："米。不，千米。"

教师 Z："对了，千米。（在 15 000 后加上板书 kilometer）那，这个数字应该怎么说？"

学生 B："15 000 千米。"

教师 Z："对了。"

[案例分析]：在此案例中，教师 Z 通过现场板书来启发学生说出正确的汉语数字。由于英语对数字的表达与汉语不同，因此，学生常常会在日常表达中犯错。教师通过板书这样直观的提示，给予了学生 B 非常明确的指导，学生 B 在教师启发和自己思考后，最终得出了正确答案。同时，教师还采用板书的形式，引导学生 B 回忆起了"千米"的正确表达方式。这种指导行为因其切实有效，在 ACT 课型（演练课）中比较常见，能调动学生的学习积极性。

（2）转移式指导

除了启发式指导外，教师在 ACT 课型（演练课）上还会选择转移式指导。该指导行为一般是在启发式指导没有发生作用的情况下，教师才会选择的。教师发现学习者在练习中出现问题时，会尽力启发诱导，如果学习者仍然没有自己得出正确答案，教师只好再次做出努力，让其他学习者帮助该生找到答案。这种指导行为展示了学习者在教学中的核心地位，教师只是起到一个辅助的作用，而不是"求快、求简"地放弃引导，直接给出答案。

[案例展示]：210-10-22

教师S给学生发练习单，主题是"你平常喜欢做什么"。学生以3人为一组，按要求把答案填入练习题中。讨论完后，教师进行抽查。学生开始以组为单位进行体演练习，教师S在教室里自由巡视，并予以指导。

学生A："你平常喜欢做什么？"

学生B："我喜欢做饭。你平常喜欢做什么？"

学生C："我喜欢打围棋。"

教师S："嗯，打围棋？打，不对。应该怎么说？"

学生C："嗯……玩围棋？"

教师S："嗯，可以是可以，不过，你再想想，课本上说到'棋'，用的动词是什么？"

学生C："嗯……走？"

教师S："（问学生A）'围棋'使用的动词是什么？"

学生A："嗯……下？下围棋？"

教师S："对。下围棋。（问学生C）懂了吗？应该怎么说？"

学生C："下围棋。"

教师S："好，你平常喜欢做什么？"

学生C："我喜欢下围棋。"

[案例分析]：在此案例中，学生C用错了"围棋"的动词，教师在选择启发式指导失败后，重新选择转移式指导，即将问题转给了其他同学，以帮助该生明白正确答案。在同学的帮助下，该生得知了正确解答，教师没有立刻结束指导，而是引导学生C再次重复答案，以巩固学生C对正确词语搭配的记忆。

（3）解答式指导

解答式指导是非常普遍的指导行为，即教师在学习者遇到困难、出现疑惑、需要帮助时，明确给出答案，以便快速帮助学习者渡过难关。此指导行为虽然高效，但并不符合体演文化教学法的指导思想——让学习者自我建构语言认知体系。因此，在课堂教学中，此指导行为并不常见，多出现在指导学习者发音或跟发音相关的疑难解答中。

[案例展示]：201-10-06

教师 S 让学生做问卷调查，内容为"驾驶执照调查"。教师 S 发给每名学生一张表格，要求每名学生至少要填 5 名学生的相关资料。在体演练习结束后，教师 S 随机进行提问检查。学生开始自由问答，教师 S 在教室里自由巡视，并予以指导。

学生 A："（问学生 B）你是什么时候考到驾驶执照的？"

学生 B："我是 2006 年考到驾驶执照的。"

学生 A："在哪儿考的？"

学生 B："我在 Cleveland……克里乌兰考的。"

教师 S："（指导）不对。是克利夫兰。"

学生 B："克利夫兰。"

教师 S："（再次纠正）对，克利夫兰"。

学生 B："哦，我在克利夫兰考的。"

[案例分析]：在此案例中，教师 S 直接指出了学生用词的错误。因为这是专有名词的翻译失误，所以教师没有花太多的时间对学生 B 进行引导，而是通过纠正和重读的方式，加深了学生 B 对"克利夫兰"正确答案的印象。从课堂的时间安排来看，教师 S 这种解答式指导是合理的，也是有效的。

2. 非言语式指导

非言语式指导属于非常规性指导行为，大多数时候是作为言语式指导行为的补充行为出现的。由于课堂时间有限，教师要在短时间内，尽量满足大多数学习者的要求，因此，非言语式指导行为就起到了快速、直观的指导作用。有时候，只是一个眼神、一个简单的动作，教师就可以在学习者遇到问题或出现错误时，起到立竿见影的指导效果。

(1) 表情指导

表情指导是指教师的面部表情指导行为，一般会辅以一些表示语气的拟声词，来对学习者的体演练习加以指导。常见的表情指导包括眼神示意、摇头指示、嘴型展示等。这种指导行为直观、亲切，常常给学习者留下深刻的印象，指导效果良好。

[案例展示]：210-10-04

教师 Z 在 PPT 上展示出练习内容，主题为"不同的两组周一到周五的时间安排"。学生以 2 人为一组，各自选择一组时间表，然后询问对方是否可以在某个时间段陪伴自己去做某件事。学生展开体演练习，教师 Z 在教室里自由巡视，并予以指导。

学生 A："星期一下午，我要去买书，你有时间吗？"

学生 B："嗯，星期一下午我得（发音 dē）练习跳舞，不能去买书。"

教师 Z："（摇头）星期一下午你……"

学生 B："嗯……我，我要练习跳舞。"

教师 Z："（微笑）啊，要练习跳舞是可以的。不过，你刚才说的那个动词也可以，只是发音不对（摇头）。应该怎么说？"

学生 B："嗯，得（发音 dě)？"

教师 Z："（嘴型示意）得（发音 děi）。"

学生 B："得（发音 děi）。"

教师 Z：（点头，眼神示意学生 B 再说一次）。

学生 B："啊，我得（发音 děi）练习跳舞。"

教师 Z："嗯，对了。"

[案例分析]：在此案例中，教师 Z 通过"微笑""摇头""嘴形示意"等面部表情展示，来辅助指导学生 A 和学生 B 进行讨论。学生 B 通过教师 Z 不同的表情信息，明白了自己的错误所在，并最终成功地自行纠正了"得"的发音。教师 Z 这样的指导行为非常快捷有效，学生 B 也能在很短的时间内领悟到指令信息，并且不会感到很受挫，情绪比较稳定。这是一种积极的指导行为。

(2) 肢体指导

肢体指导比表情指导更具直观性，可以节省课堂时间，活跃课堂教学气氛，也可以给予学习者更多有效的指导。这种指导行为可以不依赖言语式指导的帮助，直接依靠教师的肢体语言进行表达。因此，通常是教学风格比较活泼、语言比较幽默的教师会选择这种指导行为。

[案例展示]：104-09-24

教师 L 用 PPT 展示练习内容，主题为"电话询问近况"，语言点是上节课已经体演过的"快……了"。学生以 2 人为一组，双方互相询问，教师 L 在教室里自由巡视，并予以指导。

学生 A："你最近怎么样？"

学生 B："不太好，不舒服。"

学生 A："不舒服了吗？"

教师 L：（摆手）。

学生 A："啊，嗯，快'不舒服'了吗？"

教师 L："（摆手）不对。你看，（肢体展示咳嗽）这是不舒服。（指 PPT，肢体展示头痛），他这样比不舒服严重。所以，这样是？"

学生 A："啊，生病。"

教师 L："嗯，生病可以。但是（肢体展示打喷嚏、敷额头，再指 PPT 上的图片）这样是哪一种病呢？"

学生 A："啊，感冒。"

教师 L："（点头）对了。所以这里应该说？"

学生 A："啊，你快感冒了吗？"

教师 L："（点头）是的。"

[案例分析]：在此案例中，教师 L 通过稍显夸张的肢体行为来指导学生进行体演练习。学生 A 先说出了"快'不舒服'了吗"的错误句子，然后在教师不断地肢体演示下，回忆起正确的体演内容"感冒"，最终回答出了正确的答案。这样的肢体指导不会影响学生的体演展示，而会起到从旁指导的作用，保证了学生体演练习的连续性与完整性。这样的肢体指导需要教师具备开朗的性格，教学风格也比较活泼。因此，肢体指导是值得推荐的指导行为。

二、教师指导行为的理论支撑

教师指导行为是许多教学法中都存在的教师课堂教学行为，但体演文化教学法中的这些教师指导行为则独具特色。在上述分析中，我们可以看出，这些教师指导行为都与该教学法的核心教学思想一脉相承，即学习者是教学的主角，教师要创造各种条件让学习者自我学习、自我领悟、自我内化。当然，除了这个主要的指导思想以外，上述教师指导行为还体现了其他的一些相关理论。本书尝试挖掘其中的深层理论支撑，以便更好地理解该教学法独有的教师指导行为。

1. "互动假说"理论的体现

"互动假说"理论最早是由语言学家朗提出来的。该假说的基本假设是，当交流沟通发生困难时，交谈的双方必须根据对方的理解程度来调整各自的语言，诸如采用重复、解释、放慢语速等方式。也就是说，交谈双方需要进行意义的协商，让语言输入变得可以理解，从而促进双方的语言习得。从该理论的基本假设中，我们可以看出，该理论认为双向交流比单向交流更为重要，师生、生生在课堂交流中的相互调整与协商，会让知识的传授更加有效，也会让教学效果更加突出。

朗在后续的著作中，又专门分析了哪些途径可以调整语言理解的输入。这些途径分别是简化输入、利用语言和超语言语境、修正和调整互动结构。皮卡、杨和道蒂的研究又有了进一步的阐释。[1] 这几位学者认为，学习者理解新语言的有效途径，不是依靠教师或教科书的预测，对可能产生理解困难的内容事先做出简化，而是针对不理解的部分进行意义协商。因此，如何在课堂教学中采用双向互动或多向互动的教学方式，是众多语言教学工作者近年来十分关注的课题。

体演文化教学法 ACT 课型（演练课）中的这些教师指导行为或多或少地受到了"互动假说"理论的指导。

---

[1] Pica, Teresa, Young, Richard, Doughty, Catherine. The impact of interaction on comprehension [J]. *TESOL Quarterly*, 1987, 21 (4): 737-758.

首先，教师进行课堂指导，就已经体现了教学中的双向和多向互动，即师生双向互动和生生多向互动。这样多方调动信息进行交流的方式，有利于课堂教学中知识的有效传授。

其次，当教师对学习者的问题进行不同方式的指导时，教师大多会考虑到学习者的理解程度，在言语上进行简化或调换其他引导方式，来帮助学习者理解和领悟。这正是"互动假说"理论强调的意义协商。

最后，当教师在双向互动的方式下无法达到指导效果时，会采用多向互动的方式来强化学习者对师生交流的理解，这也符合"互动假说"理论中"修正和调整互动结构"的途径，让课堂内的教学交流真正达到多方面、多层次的互动，使学习者更好地进行自我修正，不断完善自身的语言认知体系，最终形成正确的第二语言系统。

2. "学习金字塔"理论的体现

美国学者埃德加·戴尔提出的"学习金字塔"理论，明确显示了不同学习方式的有效性，以及这些方式会产生的不同学习持续率。该理论以语言学习为例，细致展示了不同教学方式产生的不同效果。如："阅读"能够让学习者记住10％的学习内容；"聆听"能够让学习者记住20％的学习内容；"图片教学"能够让学习者记住30％的学习内容；"展览、演示、影像输入、现场观摩"能够让学习者记住50％的学习内容；"讨论、参与、发言"能够让学习者记住70％的学习内容；"做报告、向别人讲述、亲身体验"能够让学习者记住90％的学习内容。

"学习金字塔"理论表明，"阅读""听讲"并不是十分有效的教学方式，实际操作才是较为有效的学习途径。这一理论再次证明了传统教学法单向输入的低效性，明确告诉教学工作者：课堂教学不应简单地采取"教师讲、学生听"的模式，而应强调学生的参与、体验，多方面地调动学习者的自主性，使其学会在做中学、学中做，提倡教学方法的多样化。

ACT课型（演练课）中的体演教学方式，自然是贴合"学习金字塔"理论的。教师指导行为也在一定程度上体现了此理论的观点。

学习者自由讨论、练习，就已经可以记住70％的学习内容，而在教师的指导过程中，需要学习者把自己的理解讲述出来，同时在教师的引导下进行自我修正，并切身感悟语言点的具体意义和使用细则。当教师使用转移式指导方式时，部分学习者还需要充当助教的角色，为需要帮助的学习者讲述自己理解的知识。这不仅可以促进学习者共同进步，还能使学习者加深对所学知识的印象。这样的教学方式会让学习者掌握更多的语言知识点，相当于进行了一场新的体演活动。所以，体演文化教学法的教师指导行为，仍然是站在学习者的角度来进行操作设计的。教师充分考虑到了学习者的领悟需求，调整了自己的教学方式，以适应学习者的语言认知方式，让学习者尽量自主获得知识并获得成长。

第三节　ACT 课型（演练课）的教师评价行为研究

第二章我们专门提到了体演文化教学法的每日评估体系，这里谈到的教师评价行为，不属于每日评估体系范畴，而是专指教师在学生进行体演活动以后所做出的及时反馈。每日评估体系多是采用书面记录的方式，以便教师和学习者归档、总结，而课堂上的教师评价则更关注时效性和互动性。教师不仅会对学习者的语言技能做出评价，诸如语音、词汇、语法等方面，还会对学习者的学习态度、参与状况和学习效果做出评判。这种教师行为对学习者的学习情况起到了良好的监督和修正作用，在 ACT 课型（演练课）中必不可少。

一、教师评价行为分析

由于 ACT 课型（演练课）的主要内容是让学习者进行体演活动，因此，基本上每组学习者的体演活动结束后，教师都会一一进行评价。有时，教师也会等到所有学习者都完成体演活动后，再统一进行评价。这些评价行为占用的时间较短，但起到的作用非常大。如果学习者没有从教师那里得到及时的评价反馈，他们多半不易发现自己需要改进或者纠正的地方，这就不利于学习者第二语言体系的建构，会在很大程度上阻碍其语言能力的提高。ACT 课型（演练课）上的教师评价行为比较多样，和教师指导行为一样，它主要分为 2 种：言语式评价和非言语式评价。

1. 言语式评价

教师直接对学习者的体演活动情况进行评价，这是 ACT 课型（演练课）上比较常见的教师评价行为，不过这类评价行为并不完全一样。教师会尽量采取新颖、生动的评价方式，来刺激学习者构建记忆。

（1）鼓励式评价

既然体演活动是学习者建构自身语言体系的过程，那么学习者自然会犯错。如果此时教师直接对其体演活动进行否定评价的话，那么学习者的积极性会深受影响，甚至大打折扣。因此，当学习者进行体演活动的情况并不十分理想时，教师多会采取鼓励式评价的行为方式。学习者会从此种评价行为中获知自己的失误，但又不会因为错误而产生畏难情绪。这正是鼓励式评价的积极意义所在。

［案例展示］：103-05-04

教师 Z 用 PPT 展示体演活动的内容，主题为"忘记某事"。前面教师 Z 已经引导学生进行了课本及课后的一些体演练习。此时是在进行强化训练。教师 Z 走到教室中间，让 2 名学生进行体演练习，并予以评价。

学生 A："晚上一起吃饭吧?"

学生 B："好啊！哎呀，不行。我 5 点钟要去研究生院找赵老师。"

学生 A："那你等他吧。不对，那你快去研究生吧！"

教师 Z："哎呀，说错了，再来一遍。"

学生 A："啊，嗯，那你快去'研究生'等他吧。"

教师 Z："哎呀，哎呀，再来一遍。"

学生 A："啊，那你快去研究生……院等他吧。"

教师 Z："真好，终于说对了！"

［案例分析］：在此案例中，教师 Z 虽然指出了学生 B 把"研究生院"说成"研究生"的错误，但是她不断地给学生 B 机会，用一种鼓励的方式来引导学生 B，即使用语气词"哎呀"和鼓励词"真好"等。学生 B 在教师 Z 的鼓励下，进行自我纠正，最终得出了"研究生院"的正确答案。教师 Z 也由此给予了他肯定的评价。这样的鼓励式评价是要看

当时的教学情境的。此案例发生的班级，学生积极性高，出错的学生 B 也心态良好，所以教师 Z 才选择了这样半引导、半鼓励的评价行为。在实际教学中，我们可以适当地借鉴这样的评价行为。

(2) 转移式评价

转移式评价属于回避式评价范畴，多用于学习者在体演活动时发生错误的时候。教师一方面不愿意直接说出否定的评价，另一方面又要控制教学时间，无法总是选择鼓励式评价，此时，教师就会选择转移式评价来暗示学习者反馈信息，同时给予其他的学习者进行体演活动的机会。例如，当一个学习者进行体演活动遇到困难时，教师不做出任何评价，在等待几秒后，迅速选择另一名学习者来替代他进行体演活动。当学习者顺利完成体演活动后，教师会再将完成的体演内容返回到最初出错的学习者身上，令其再次进行体演活动，帮助其深刻领悟语言知识。

[案例展示]：103-04-25

教师 L 展示 PPT，体演活动的语言点为"有没有空"和"刚好"。前面教师 L 已经引导学生进行了几次体演练习，此时是在进行强化训练。教师 L 在教室中随意走动，与 2 名学生进行示范体演练习。

教师 L："（指向 A）好，你问我。"

学生 A："明天下午 2（发音 èr）点，您有没有空？"

教师 L："（疑问示意，等候 2 秒，转向学生 B）来。"

学生 B："明天下午 2（发音 liǎng）点，您有没有空？"

教师 L："不行，我刚好要开会。好。（转回学生 A）再来，你问我。"

学生 A："明天下午 2（发音 liǎng）点，您有没有空？"

教师 L："不行，我刚好要开会。懂了吗？"

学生 A："懂了。"

[案例分析]：在此案例中，教师 L 没有直接评价学生 A 的行为，而是顺势将问题转移给学生 B，用这样的方式来暗示学生 A，你的发音错了。在得到了学生 B 的正确回答后，教师 L 又再次对出错的学生 A 进行提问。此时，学生 A 自我纠正，回答正确。这种不通过正面评价

而依靠他人指导来让学生自己得出评价结果的方式,可以降低负面评价对学生学习积极性的伤害,同时又能达到公正评价的效果。倘若使用得当,教学效果会十分显著。

(3) 直接式评价

直接式评价是指教师对学习者的体演活动直接做出评价。体演活动表演得好,就评价为好;体演活动表演得不好,就告之学习者不好。这样的评价行为简单有效,在体演内容较多的课堂中,多被教师采用。学习者也会快速领悟自身语言体系的优缺点,随之进行更正。

[案例展示]:103-04-18

教师 L 用 PPT 展示体演活动的内容,主题为"练习'也'的用法和时间的表达"。教师 L 在引导学生理解了 PPT 所展示的体演活动的时间、地点、角色和脚本后,请 2 名学生到教室中间面向全班进行体演练习,并予以评价。

学生 A:"你在哪儿上大学?"

学生 B:"我在中国台湾地区上大学。你呢?"

学生 A:"我也在中国台湾地区上大学。"

学生 B:"你到中国台湾地区多长时间了?"

学生 A:"6 个月了。"

教师 L:"很好。来,请互换角色,再来一次。"

[案例分析]:在此案例中,教师 L 对学生 A 的体演活动给予了简单直接的正面评价,这在课堂教学中是十分常见的评价行为,多用于简单示范性的体演评价。这种直接式评价节省了课堂教学时间,给学生留出了更多的时间来进行操练,对课堂的整体统筹是有帮助的。

2. 非言语式评价

非言语式评价是指教师采用面部表情或身体语言来对学习者的体演活动进行评判。这种评价行为既节省时间,又活跃课堂气氛,多用在否定评价上,能起到调节学习者情绪,减轻学习者心理压力的作用。

(1) 表情评价

表情评价是指教师通过面部表情的示意,令学习者迅速领悟到体演活动中存在的问题。一般情况下,学习者会自发纠正问题,有时也需要教师从旁提醒。表情评价多为短促细微的行为表现，但在课堂教学中能起到轻松、快速的反馈效果。

[**案例展示**]：210-10-08

教师 S 在黑板上板书体演内容，主题为"介绍他人"。前面教师 S 已经引导学生进行了相关内容的体演练习，此时是在进行强化综合训练。教师 S 随意抽取 2 名学生进行体演练习，并予以评价。

学生 A："她是谁？"

学生 B："她是华小慧。"

学生 A："她是几月出生的？"

学生 B："她是 12 月出生的。"

学生 A："她结婚了吗？"

学生 B："不，她还没有男朋友呢！"

学生 A："啊，我真对不起。"

教师 S："（摇头，皱眉）嗯？"

学生 A："啊，是我对不起。"

教师 S：（继续摇头）。

学生 A："啊，真对不起。"

教师 S：（点头）。

[**案例分析**]：在此案例中，教师 S 通过"摇头""皱眉""点头"等面部表情，来对学生 A 的体演表现做出评价。学生根据教师面部表情的变化，知道自己说的"我真对不起"不正确，并由此来进行自我纠正。这种评价行为不会打扰学生体演练习的连续性和整体性，值得推荐给广大教师使用。

（2）肢体评价

肢体评价是指教师用身体语言来向学习者展示反馈信息，也多用于否定评价，旨在减轻对学习者负面情绪的影响，尽可能活跃课堂气氛，让学习者在轻松的氛围下感知到错误，并及时自我纠正，以起到帮助学习者进步的作用。

[**案例展示**]：103-04-20

教师 Y 用 PPT 展示体演活动的内容，主题为"询问某人的去向"。

教师 Y 在授课前已经引导学生进行了一小部分体演练习，此时是在进行强化训练。教师 Y 走到学生中间，随机抽取 2 名学生进行体演练习，并予以评价。

学生 A："朱老师在吗？"

学生 B："朱老师去饭店了。"

学生 A："她干什么去饭店？"

教师 Y：（连连摆手，手势示意"互换"）。

学生 A："啊，她，去什么饭店？"

教师 Y：（摇头，摆手，再加大"互换"手势的幅度）。

学生 A："啊，哦，她，去饭店干什么？"

教师 A：（点头，竖大拇指表示正确）。

学生 B："廖老师今天请客。"

[案例分析]：在此案例中，教师 Y 用肢体语言对学生 B 的体演活动做出了评价。学生 A 从教师 Y 的多次肢体表现中，明白了自己在表达时语序上有问题，最终说出了"去饭店干什么"的正确句子。这样的肢体评价行为必须在特定的场景中才能展现。最后，当学生 A 说出了正确答案时，教师 Y 又及时用"竖大拇指"的肢体行为，给予其肯定的评价。这样的肢体评价行为，既节省课堂教学时间，又不影响正常教学。在条件允许的情况下，教师可多多使用。

二、教师评价行为的理论支撑

上述评价行为也被用于其他一些教学法中，但在体演文化教学法的 ACT 课型（演练课）中，使用得更为广泛。教师课堂评价行为能对学习者的学习情绪造成直接影响，所以在实际教学中，教师多从学习者的感受角度出发来选取相应的评价行为。而选择何种评价方式、对学习者的情绪会造成什么样的影响，都跟教师评价行为背后的理论依据密切相关。

1. 期待效应理论的体现

期待效应又称"皮格马利翁效应"或"毕马龙效应"，是由美国著名心理学家罗森塔尔和雅各布森在小学教学的观察中验证总结得出的。期待效应理论的核心思想是期望会对一个人的行为产生巨大影响，积极的期望会促使人们向好的方向发展，而消极的期望则会使人们向坏的方向发展。所以，如果你想要使一个人发展得更好，你就应该向他传递积极的期望。

期待效应理论提醒我们：教学过程是一个由行为、认知、情感三者相互作用的动态发展过程。教师应意识到学习者的自尊心和自信心对语言学习具有重大影响，这也是其走向成功的精神支柱。所以，教师在课堂教学中，应根据学习者的个体差异，对其形成不同的期望，使学习者在各自的基础上得到充分发展。期待效应理论倡导民主平等的师生关系，旨在令教师与学习者之间形成良性的心理互动，以促进教学的有效开展。

ACT课型（演练课）中的教师评价行为完全就是期待效应理论的完美展现。当学习者顺利完成体演活动时，教师会及时给予正面、直接的评价，向学习者传递肯定的信息。当学习者在进行体演活动遇到困难时，教师没有立刻给予否定评价，而是采取鼓励或非言语式评价行为，来暗示学习者"你可以做得更好"的期待信息。因此，转移式评价一方面展现了教师对学习者期待的降低，另一方面则是在向另一位学习者传递"我相信你可以帮助他"的激励信息。在他人的协助下完成体演活动后，教师让学习者再次进行体演活动，这样的巩固训练，既安抚了学习者遭受挫败的心理，又传达了教师"我没有放弃你"的信息。因此，期待效应理论完全融入了体演文化教学法的教师评价行为。

2. 多元智能理论的体现

1983年，美国心理学家加纳提出了多元智能理论。他认为人的智力结构中存在7种相对独立的智能。这7种智能分别是语言智能、逻辑-数学智能、视觉-空间智能、音乐智能、身体-动觉智能、人际智能、自知智能。每种智能都有其独特的解决问题的方法，也有其自身的符号系统。因此，在教学过程中，教师不应只考虑学习者某一方面的智能，而应尽量全面关注学习者多项智能的发展，并对学习者的学习成绩进行公平、公正的评价。

其中，自知智能又称"自我内省智能"，是指人类所具有的、可深入自己内心世界的能力，即了解自己内心感受并进行自我反省的能力。自知智能是语言教学评价中常常关注的一种智能。在汉语学习中，多表现为学习者不断自我反思、自我总结、自我改进学习方法等行为。

然而，传统的单一评价行为并未考虑到学习者的此种智能。一次性的简单评价或直接式的简单评价，将给学习者带来过大的心理压力和心理负担，使学习者对学习产生畏难情绪，容易使学习者回避或放弃学习。体演文化教学法的 ACT 课型（演练课）上的教师评价行为，充分关注到了学习者这方面的智能因素。这种形式多元的及时评价，不仅让学习者能立刻认识到自己的优势和不足，又能照顾到学习者遭遇瓶颈时的负面情绪，使学习者不会由此而产生畏难情绪，反而会逐渐形成自我修正、自我归纳和自我总结的良好学习习惯。同时，这种人性化的评价行为也为课堂教学营造了轻松和谐、积极健康的教学环境。

第四节　ACT 课型（演练课）的教师纠错行为研究

学习者在自我建构第二语言体系的过程中，难免会出现各种错误，这时就需要教师对其进行纠正，以便及时排除错误的建构信息。所以，教师在课堂上的纠错行为是保证学习者学习质量的基本策略，在语言教学中功不可没。但是，并不是学习者产生的所有错误，教师都要立刻进行指正。有时候为了节省课堂教学时间，有时候为了照顾全局，有时候为了减少对学习者学习热情的打击，教师会选择性地忽略一些错误。总之，教师纠错行为的宗旨是积极有效地帮助学习者进行自我语言认知体系的修正与完善。

一、教师纠错行为分析

在体演文化教学法的 ACT 课型（演练课）中，教师多会对学习者在新内容上的首次体演行为进行纠错。因为首次接触新语言点，学习者很容易犯各种顾此失彼的错误。学习者往往记住了语法结构，却忽略了语音的正确性；或是记住了词语的意义，却忘记了前后的搭配。这个时候，教师纠错行为就起到了修正和强调的重要作用。在具体的分析过程中，我们发现，ACT课型（演练课）里的教师纠错行为有一部分与其他教学法中的教师纠错行为颇为相似，但是还有一些教师纠错行为属于体演文化教学法特有的教师纠错行为，值得大家予以关注。

1. 常规式纠错

常规式纠错，即在一般教学法体系内，教师基本都会选择常见的纠错行为。由于这些行为已得到多数教师的肯定，因此，在ACT课型（演练课）中也属于主流纠错行为。在这里，我们只是将其进一步细分，按言语式纠错和非言语式纠错来分别叙述。

（1）言语式纠错

言语式纠错主要是借由教师的语言帮助得以完成的。教师选择不同的言语策略，对学习者产生的错误进行更正。一般在课堂教学时间允许的情况下，教师先选择诱导式纠错和反问式纠错，而后会进行复述式纠错。只有在时间比较紧迫或学习者的错误并不十分重要的情况下，教师才会进行直接式纠错。

① 诱导式纠错

为了照顾学习者的学习情绪，同时尽量让其自己寻找正确答案，教师多会在课堂教学中选择诱导式纠错。通过提示、启发、联想等多种引导，教师希望能促使学习者进行内部重构，最终得出正确答案。由于这样的纠错行为需要花费较多的课堂时间，因此，教师一般会选择在几名学习者都出现类似错误时，集中进行诱导式纠错。

［案例展示］：103-05-12

教师L用PPT展示体演内容，主题为"交通出行"。为了帮助学生理解新语言点，教师L与学生A进行示范体演练习。

教师L："今天有什么安排?"

学生A："今天在磁器口开会。"

教师L："怎么去呢?"

学生 A：“嗯，走地铁，到崇文门。”

教师 L：“嗯，'地铁'应该用什么动词？”

学生 A：“啊，地铁……”

教师 L：“嗯，我们学习过坐公共汽车、坐火车，那么地铁呢？”

学生 A：“啊，我知道了！坐地铁。”

教师 L：“好，完整的句子是？”

学生 A：“啊，坐地铁到崇文门。”

教师 L：“对了。懂了吗？”

[案例分析]：在此案例中，教师 L 通过使用学生已学过的词语搭配，来引导学生 A 说出了与地铁搭配的动词"坐"，成功地启发学生 A 说出了正确完整的句子。这样的纠错行为注重了学生的自我认知能力的培养，有利于学生记住自己的错误，下次不易再犯。但这样的纠错行为，需要教师在课前做好充分准备，这样才能迅速找到正确的引导方向，让学生在最短的时间内迅速找到正确答案。

② 反问式纠错

反问式纠错在 ACT 课型（演练课）中十分常见。教师使用反问句来提醒学习者发现问题，进而让其自觉进行纠错。因为反问式纠错的作用是暗示错误，并不会直接给出正确答案，所以在实际教学中，反问式纠错多与诱导式纠错或直接式纠错一同使用。不过，如果只是学习者因紧张造成的口误，这类纠错行为就足以解决问题。

[案例展示]：103-05-11

教师 L 用 PPT 展示体演活动的内容，主题为"交通工具如何使用"。此时是课堂教学的开始阶段，教师 L 首先需要引导学生理解此次课程的主要内容。

教师 L：“好，来。你今天是怎么来学校的？”

学生 A：“我走路来的。”

教师 L：“请你问他。”（指旁边的学生 B）

学生 A：“你今天是怎么来学校的？”

学生 B：“我坐自行车来的。”

教师 L：“坐自行车，对吗？”

学生 B："啊，用自行车。"

教师 L："用自行车，对吗？"

学生 B："啊，骑，是骑自行车。"

教师 L："对了。请说出完整的句子。"

学生 B："我骑自行车来的。"

教师 L："很好。"

[案例分析]：在此案例中，教师 L 选择反问式纠错来明示学生 B "坐自行车"和"用自行车"的错误，学生 B 在自我纠正 2 次后，找到了正确答案。这种纠错行为会给学生非常明确的指示，让其寻找得当的词句来回答问题，能帮助其高效地发现症结所在。但是，若经常使用，容易让学生产生紧张感，使课堂气氛变得不太轻松。因此，在实际教学过程中，教师还是要酌情使用。

③ 复述式纠错

复述式纠错与反问式纠错的原理相同，旨在通过重复学习者产生的错误，提示其问题所在。这种纠错行为适用于简单的错误，或者是学习者已经练习过多次的语言知识，不需要教师过多地加以引导。值得注意的是，复述式纠错并不表示完全重复，教师一般会在学习者出错的地方加重语气，或在结尾处增添疑问的语气，以暗示学习者表达有误。

[案例展示]：210-09-27

教师 Z 用 PPT 展示体演活动的内容，主题为"问路"。此时，该语言点学生已花费近半节课的时间进行了体演练习，教师 Z 在进行强化训练时，邀请 2 名学生上台进行体演练习。

学生 A："请问，甘家胡同怎么走？"

学生 B："快到了。"

学生 A："快到了吗？"

学生 B："前面拐弯（发音 wǎn）就到了。"

教师 Z："拐弯（发音 wǎn）？"

学生 B："拐弯儿（发音 wǎnr）。"

教师 Z："拐弯儿（发音 wǎnr)？"

学生 B："（思考，自己用手比画），拐弯儿（发音 wānr）？"

教师 Z："这次对了。拐弯儿（发音 wānr）。"（示意学生 B 跟读）

学生 B："（跟读）拐弯儿（发音 wānr）。"

教师 Z："好，再说一遍（练习 2 次）整个句子。"

学生 B："啊，前面拐弯儿就到了。"

教师 Z："好。"

[案例分析]：在此案例中，教师 Z 通过重复学生 B 的语言，让学生 B 意识到"弯"的发音错误，然后在此基础上对学生 B 进行发音指导，最终让学生发出了准确的读音。这种纠错行为一般通过语气的变化，让学生感知错误。如果学生能自行纠正，教师是乐见其成的；如果学生不能自行纠正，教师一般也能迅速给予指导，所以这种纠错行为较为常见，也颇有成效。

④ 直接式纠错

直接式纠错又称"明确式纠错"，即教师在面对学习者产生的问题时，直接告知其错在哪里。在传统的教学中，采用这种纠错行为比较常见，一些新手教师在教学经验不是很丰富的情况下，也会优先选择这一纠错行为。当然，这种纠错行为效果比较明显，并非一无是处，只是需要考虑时长及情境，避免过于明确的纠错行为影响到学习者的学习热情。在 ACT 课型（演练课）中，教师较少选择此种纠错行为。

[案例展示]：101-10-11

教师 Y 用 PPT 展示体演活动的内容，主题为"形容人的外貌"。教师 Y 先与平时表现比较好的学生 A 进行了示范，再让学生 A 与学生 B 进行体演练习。

教师 Y："那个女生长得怎么样？"

学生 A："她有一点儿胖。"

教师 Y："她比小慧胖吗？"

学生 A："对，她比较胖。"

教师 Y："（面向全班）懂了吗？好。（让学生 A 问学生 B）你问他。"

学生 A："那个女生长得怎么样？"

学生 B："她很有一点儿胖。"

教师 Y："啊，不对，没有'很'。"

学生 B："哦，她有一点儿胖。"

教师 Y："对了。"

[**案例分析**]：在此案例中，教师 Y 与学生 A 示范了体演练习后，学生 B 仍然犯了错误，所以教师 Y 直接对其错误进行了纠正。这是常见的纠错行为，教学效果显著。在比较简单的课堂情境中，教师多选择这种纠错行为。

(2) 非言语式纠错

非言语式纠错与评价行为相同，教师会在课堂教学中偶尔选择这种纠错行为。这样既可以调节课堂气氛，又可以节省教学时间。当然，一般也只有当学习者出现简单的错误时，教师才会进行非言语式纠错。其中，肢体纠错颇具特色，如果教师使用得当，会发挥比言语式纠错更有效的作用。

① 表情纠错

当学习者因紧张或遗忘而犯一些比较低级的错误时，教师会选择表情纠错行为。一般情况下，教师通过面部神情来传递信息，以提示学习者自我改正。教师在进行表情纠错时，课堂的教学氛围较为轻松活泼，对缓解学习者的学习压力有较明显的帮助。

[**案例展示**]：510-04-14

教师 Z 用 PPT 展示体演活动的内容，主题为"旅游"。授课时，教师已经让学生对此主题进行了小组讨论，此时又让 2 名学生上台进行体演练习。

学生 A："欢迎你来北京。"

学生 B："谢谢你。"

学生 A："你以前来过北京吗？"

学生 B："没有，我第一次来。"

学生 A："那你想去看看鸟巢，或者……（思索后）毛主席的家吗？"

教师 Z：（做惊讶状，指着图片上的"天安门"）。

学生 A："啊，天……"

教师 Z：（点头，示意继续）。

学生 A："天……啊，天安门。"

教师 Z："对了。天安门。"（抬下颌，示意学生跟读）

学生 A："天安门。"

教师 Z："好，再说一次。"

学生 A："嗯，那你想去看看鸟巢，或者天安门吗？"

教师 Z："好。"

[案例分析]：在此案例中，教师 Z 通过表情的多次变化，让学生 A 意识到自己的错误，并自行进行纠错。在学生 A 纠错成功后，教师 Z 通过教读，又再次加深了学生 A 的印象。这种纠错行为既迅速有效，又起到调节课堂气氛的作用。因此，教师可以在学生犯小错误的时候，优先选择该纠错行为。

② 肢体纠错

肢体纠错比表情纠错更丰富，有经验的教师往往会在纠正学习者的声调错误时，选择这种纠错行为。由于肢体行为具有幅度大、刺激较强等特点，因此，如果运用得当的话，教学效果会非常显著。这种纠错行为也多与教师的教学风格紧密相关。

[案例展示]：101-10-12

教师 S 用 PPT 展示体演活动的内容，语言点为"也"和"都"。上节课和这节课学生已经就此语言点进行了多次体演练习，此时是在进行强化综合训练。教师 S 站在教室中间，根据体演内容，与学生 A 进行示范体演练习。

教师 S："小李是学生吗？"

学生 A："对，他是学生。"

教师 S："小王也是学生吗？"

学生 A："对，他们都是学生。"

教师 S："他们笨吗？"

学生 A："不，他们不奔，他们都很聪明。"

教师 S："笨（手势从高处向低处迅速劈下），来。"

学生 A："笨。"（发音接近正确）

教师 S："笨（手势从高向低快速劈下，同时跺脚，强化第四声的重音点)。来。"

学生 A："笨。"（发音基本正确）

教师 S："对了。不是奔（手势表示平行滑过），而是笨（做劈刀状，跺脚）。再来。"

学生 A："笨。"（发音正确）

教师 S："很好，整个句子再来。"

学生 A："他们不笨，他们都很聪明。"

教师 S："非常好。"

[案例分析]：在此案例中，教师 S 用手势非常形象地向学生 A 展示了"笨"的正确发音，由于肢体语言生动形象，因此，学生 A 领悟起来较快，最后也准确发出了这个声调。该纠错行为适用于特定的情境，并不是在任何情况下都可适用。但是如果教师选择得当，会为学生留下深刻的印象，纠错效果也更加显著。

2. 非常规式纠错

非常规式纠错是体演文化教学法特有的纠错行为。教师在发现学习者出现错误时，不会正面地给予纠正。这种纠错行为产生的原因：一是课堂教学时间有限或是该学习者同时犯了多项错误，教师只能选取某一个比较严重的错误加以纠正，其余的小错误暂时忽略；二是教师从多向互动的教学理念出发，将纠错的任务交给学习者的其他同伴。这种纠错行为有双重作用：一方面锻炼了其他学习者的语言使用能力，另一方面减少了因教师纠错而给学习者带来的无形压力。因此，这种特殊的纠错行为，在 ACT 课型（演练课）中常常出现，体现了教师调动学习者自我认知能力的教学策略。

（1）学生互助纠错

学生互助纠错是指教师将纠错的任务转交给学习者的同伴，让学习者在同伴的帮助下，明白自己错在哪里。这种纠错行为训练了多个学习者的语言能力，教师可以将纠错这一教学策略运用到更为广阔的空间。教师在此种纠错行为发生时，多以指导者的身份出现，同时还会采取其他一些纠错行为加以辅助，以保证学生互助纠错能顺利完成。

[案例展示]：210-10-25

教师 S 用 PPT 展示体演活动的内容，主题为"爱好"。之前该话题学生已进行过多次体演练习，此时是在进行强化综合训练。教师 S 随意挑选学生进行两两体演练习。

教师 S："来，你问他答。"

学生 A："你最喜欢玩什么？"

学生 B："我最喜欢打篮球。你最喜欢玩什么？"

学生 A："我最喜欢上电脑。"

教师 S："嗯，上电脑？"

学生 A："啊，我的意思是 get online。"

教师 S："谁知道 get online 怎么说？"

学生 C："上线。"

教师 S："嗯，还有谁知道？"

学生 D："上网。"

教师 S："（点头）上网。（对学生 A）懂了吗？（对学生 B）你再问一遍。"

学生 B："你最喜欢玩什么？"

学生 A："我最喜欢上网。"

[案例分析]：在此案例中，当学生 A 对"上网"的表述出现错误时，教师 S 先选择了重复式纠错加以提示。在发现学生 A 仍然无法自行得出正确答案时，教师 S 把问题抛给了全班学生，发动多向互动模式来帮助学生 A 解答问题。在学生 C 和学生 D 的帮助下，学生 A 获得了正确答案。同时，学生 C 也在无形中纠正了错误。这种纠错行为对班级授课的整体教学有极大帮助。

（2）教师回避纠错

教师回避纠错是指教师在面对学习者出现错误时，采取忽略或回避的态度。这种纠错行为多见于课堂教学时间有限或学习者同时犯了多个错误的状况中。由于学习者还处于构建语言体系的进程中，因此，他们无法意识到自己出现了多少错误，偶尔一两个小错误未能得到及时纠正，也不会对其学习进程造成太大影响。教师选择此种纠错行为，多是从教学全局的角度出发予以考虑，避免因小失大。

[案例展示]：206-09-28

教师 S 用 PPT 展示体演活动的内容，主题为"询问距离"。在之前的课程中学生已经做过相关的体演练习，此时是在进行体演练习和复习。教师 S 选择了 2 名学生进行体演练习。

学生 A："你去过颐和园吗？"

学生 B："没有去过。有多远？"

学生 A："不（发音 bù）太远，笔直往上走……过红绿灯，就是了。"

教师 S："笔直往？"

学生 A："往上……啊，往前走。"

教师 S："嗯，笔直往前走，过红绿灯？"

学生 A："嗯，穿过红绿灯？"

教师 S："（转向全班）谁知道应该怎么说？"

学生 C："过了红绿灯。"

教师 S："对了，过了红绿灯。"（示意学生 A 跟读）

学生 A："过了红绿灯。"

教师 S："整个句子再说一遍。"

学生 A："不（发音 bù）太远，笔直往前走，过了红绿灯，就是了。"

教师 S："好。"

[案例分析]：此案例中学生 A 一共犯了 3 处错误："不"的变调转换错误、方位词的使用错误、"了"的用法错误。因为时间有限，此时的体演练习已进入复习阶段，所以教师不可能花太多的时间，对学生 A 的 3 个错误逐一指正。因此，教师 S 主要纠正了学生 A 犯的两个错误，而对该生语音上的错误选择了回避。我们可以从上下文的语境中判断得出，教师 S 的纠错处理是符合情理的。

二、教师纠错行为的理论支撑

从上述分析我们可以看出，ACT 课型（演练课）的教师纠错行为丰富多样，既吸收了其他一些教学法的教师纠错行为，又有自身独特的纠错行为。这些切实有效的纠错行为自然与其背后的理论支撑分不开。下面我们就来探讨一下，跟教师纠错行为相关的2种理论。

1. 中介语理论的体现

"中介语系统"最早是由科德等学者提出来的。这些学者通过研究发现，学习者在语言学习中所形成的语言系统，存在一定的过渡性，与目的语系统有一定的相似性。因此，他们将该系统取名为"过渡能力系统"，后统称"中介语系统"。随着研究的逐步深入，"中介语理论"慢慢确立并逐渐成形。一些学者深入课堂，运用定量、定性等研究方法来探讨此理论体系，其中，"课堂互动研究"成为诸多研究者关注的焦点。

所谓"中介语"（inter-language），是指第二语言学习者在学习目的语过程中产生的，既不同于母语，也不同于目的语的一种语言。中介语理论认为，第二语言的学习过程就是学习者的中介语系统不断向目的语系统过渡、靠拢的过程。

一般而言，中介语理论有以下5个基本假设：

第一，学习者的语言系统与母语使用者的语言系统是不同且独立的。中介语系统与这2个系统并列存在。

第二，学习者的语言系统存在内在的连续性。学习者的言语行为是以潜在的心理结构为基础的，所以既有规律可循，也可以预测，诸如母语迁移、规则泛化等语言现象。

第三，中介语具有可渗透性和过渡性。所谓可渗透性，是指学习者的整个语言系统在不断地发展变化，具有一定的开放性。所谓过渡性，是指学习者会通过删除、增加、修改等语法规则，不断地改变他们的语言结构，重构整个中介语系统。而不同发展阶段的语言系统构成了中介语体系的连续统。

第四，中介语系统存在的"僵化"现象有其潜在的心理机制。只有5％的第二语言学习者可以达到母语使用者的心理语法水平，而大多数人则在学习中途停滞不前，即出现"僵化"现象。"僵化"现象的心理机制就是人们潜在的心理结构，即潜在的语言习得机制。大部分成年人在语言关键期以后，就无法激活这种语言习得机制了，这便是阻碍多数学习者无法到达语言习得终点的原因。

第五，学习者通过"建立假设""验证假设"来建构中介语系统。科德认为，学习者在一开始学习时，就会预先建立有关语言规则的假设，当学习过程中遇到问题时，学习者便会对原有假设进行检验和修改，再建立正确的规则假设。此观点揭示了学习者构建中介语系统的学习策略和操作过程，阐明了学习者优化语言系统的动态过渡性。

中介语理论体现了第二语言教学从"教"向"学"转变的观点，将目光投向了学习者特有的语言系统。假设验证法对于课堂教学的启示是教师应该尽可能创造接近自然语言习得的环境和条件，为学习者提供尽可能多的建立和验证假设的机会，促进学习者的中介语系统不断向目的语系统靠拢。

体演文化教学法的教师纠错行为对促进中介语理论的发展有显著作用。

首先，教师的纠错方式是以"关注学生"为出发点来设计和实施的，这便是回应了中介语理论研究从"教"向"学"转变的观点。

其次，体演文化教学法旨在为学习者提供自然的语言使用环境。当学习者试图完成体演活动时，他们就有了充分互动的机会。由于学习者必须设法表达自我和理解对方，因此，这种互动能够促使他们验证假设、修正假设，从而促进语言习得。可以说，体演文化教学法就是让学习者在表达自我和理解对方的过程中，检验已有假设，建立新的假设，修订或重组原有的中介语系统，进而促进第二语言的习得。

最后，体演文化教学法指导下的教师纠错行为，对待学习者所犯的语言错误，多采取引导学习者自行纠正的方法。这种处理错误的方法与科德有关"输入"与"内化"的观点不谋而合。科德认为，"输入"是外部环境提供的语言材料，"内化"则是由学习者内在心理程序来决定的。教师提供给学习者的语言学习材料，并不都是符合语言输入的条件的。学习者的语言系统是一个自主系统，学习者的内在习得大纲决定着这个系统的发展进程。因此，教学材料和教师行为只有顺应了学习者的这个内在大纲的发展顺序，才会变得切实有效。教师只有找到了学习者内在大纲中适当的切入点，才能在引入新规则时获得成功。所以，体演文化教学法的教师纠错行为的出发点，就是尽力指导学习者进入自发修正规则的状态，而不是教师输入、学生被动接受。这样，所有的教师纠错行为都是以学习者的内在大纲发展为前提的，是可以被学习者自我内化的。因此，这样的教师纠错行为才会被有效地接受与吸收。这种观点正是整个体演文化教学法的核心教学思想。

2. 桑代克的"试误论"

美国心理学家桑代克认为，人类的学习与动物的学习虽然有所不同，但本质上是基本一致的，即人类也是通过不断尝试错误而最终获得知识学习的成功。这就是桑代克著名的"试误论"。

（1）准备律

学习者能否获得知识的前提是，他是否已经做好了准备。这是学习者自我学习的需要，也是学习者在学习过程中不断尝试寻找正确答案的重要动机。

（2）练习律

当学习者具备了较为强烈的学习需求以后，他就会不断地尝试去寻找知识与正解。大多数情况下，学习者一定会在尝试的过程中出现很多的错误。这些错误的练习会引导他慢慢纠正错误的知识，逐渐找到正确的答案。

（3）效果律

当学习者获得正确答案时，他就会得到较为深刻与愉快的学习成就感。同时，通过不断尝试而获得的成就感会加深知识在其头脑中的印象。

体演文化教学法的总体核心理论与桑代克的"试误论"的主张相吻合。该教学法主张学生在自我学习与自我认知的过程中，不断地进行猜测与试错。ACT课型（演练课）就是任其试误的过程，而课堂上教师纠错行为则是引导学习者反驳自己猜想的主要诱导力。在体演文化教学法中，教师没有采取传统的或主流的"先输入再输出"的教学方法，而是尽量采取"学生自我输入再自我输出，教师协助纠正"的教学方法。

学生在没有教师详细示范的前提下,自我摸索进行体演活动,通过与同伴之间的互动对话、教师的诱导纠错,不断地肯定或纠正自身语言体系,建立一次又一次的猜测和假设,最终形成定式,完成自我第二语言世界观的试误与构建。

学习者进行体演活动时,便是自动进入了"准备律"阶段。当学习者在体演活动过程中出现错误时,这就表示学习者开始进入"练习律"阶段。教师多采取启发或引导等非直接指正的纠错方法,让学习者自我进行修正,这便是检验知识、革新知识的必经之路。学习者进行新的体演活动,又会发现新的问题。如此循环往复,学习者最终构建起越来越完善的第二语言文化系统,完成"效果律"阶段。

可以说,桑代克的"试误论"是体演文化教学法的核心思想,涵盖了该教学法的方方面面,这正是该教学法值得广大教学工作者学习与借鉴的地方。

第四章

FACT 课型（阐释课）与影视课型（辅助课）的教师教学行为研究

在体演文化教学法中，FACT 课型（阐释课）与影视课型（辅助课）所占的比重不多，是 ACT 课型（演练课）的辅助。教师在这两种课型中所采取的教学行为，融合了传统教学法与体演文化教学法的特点，两种课型的独特性没有 ACT 课型（演练课）那么强，甚至有不少教学行为与 ACT 课型（演练课）的研究相重合，但是其中仍然有几种值得广大教学工作者关注和借鉴的教学行为。它们与 ACT 课型（演练课）中的教师教学行为一脉相承，充分展现了体演文化教学法的理论特点，是值得我们研究的教师实践操作行为。

第一节 FACT 课型（阐释课）与影视课型（辅助课）的教师讲解行为研究

教师讲解行为是任何教学法中都会出现的教师教学行为。为了让学生更清晰地理解语言文化知识，教师一般采用讲解的手段，对比较重要的、容易出错的语言点进行阐释说明。这种行为既直观又有效，是比较传统的教学方式之一。

一、教师讲解行为分析

因为体演文化教学法强调学习者自主学习，所以教师讲解行为在课堂上使用较少，多在 FACT 课型（阐释课）中使用到，影视课型（辅助课）中偶尔也会提到。需要说明的是，在初级阶段的教学中，教师在进行讲解时，可以使用英语，以帮助学习者理解和领悟语言知识点。

1. 理论式讲解

理论式讲解是指教师直接向学习者传授语言点的相关理论知识，多为语法规则说明，旨在迅速为学习者理清概念与细则，方便其记忆和使用。在理论式讲解中，教师多会辅以板书或 PPT，这样可以使教学内容逻辑清晰，对 ACT 课型（演练课）上已经练习过的语言点起到归纳总结、巩固强化的作用。

[案例展示]：104-10-06

教师 Y 在 FACT 课型（阐释课）上，给每个学生发放了语言点的相关讲义。然后，教师 Y 依次向学生进行阐释讲解，同时辅以板书说明。

教师 Y："好，上节课我们学习了'动词+上''动词+到'的用法。（板书）练习中的句子是'考上了 OSU[1]'与'考到了驾照'。（板书）你们知道'考上'和'考到'有什么区别吗？"

学生 A："不明白。"

教师 Y："嗯。'考上'后面一般接单位名词，some place，懂吗？（板书）'考到'后面一般接物品或证书，something or certification。（板书）明白吗？"

学生 A："老师，那我们可以说'考到 OSU'吗？"

教师 Y："嗯，可以这样说，但是'考上 OSU'与'考到 OSU'意思不一样。'考上'means'pass'。'考到'means'catch'or'arrive'。懂了吗？"

学生 A："啊，明白了。"

[案例分析]：此案例中，教师 Y 直接向学生 A 讲述了"动词+上""动词+到"的区别。为了帮助学生 A 尽快理解二者的差别，教师 Y 使用了英语进行辅助讲解，同时，又加上了板书说明，加深了学生 A 的印象。这样的讲解行为既清楚又有效，是十分典型的理论式讲解。

---

[1] OSU 是美国俄亥俄州立大学（The Ohio State University）的简称。

2. 举例式讲解

举例式讲解是指教师通过举例的方式来对语言点进行解释说明。举例这种方式是一种无形的操练指导，是教师在向学习者演示如何正确运用语言点，提示学习者摒弃错误的表达方式。举例式讲解需要注意的是，教师举出的例子一定要在学习者已知或学过的范围内，不然就会徒增学习者的理解负担。

[案例展示]：104-09-22

教师S一边放电影一边向学生讲解相关内容。此时，屏幕上出现了火车站检票的场景。列车员刚把检查过的火车票还给乘客。

教师S："好，这个动作（伸手）怎么说？"

学生们："给。"

教师S："可以。用'把'字应该怎么说？"

学生们："（窃窃私语）……"

教师S："他把……火车票还给了姑娘。来，跟我说。"

学生们："他把火车票还给了姑娘。"

教师S："对了。句式是'把什么东西，加上动词，给某人'。好，那火车票是谁给列车员的？"

学生A："姑娘。"

教师S："对了。姑娘把火车票交给了列车员。"（示意全班跟读）

学生们："姑娘把火车票交给了列车员。"

教师S："好。杜秋的太太把什么东西递给了杜秋？"

学生们："烟。"

教师S："对了。来，杜秋的太太把烟递给了杜秋。"（示意全班跟读）

学生们："杜秋的太太把烟递给了杜秋。"

教师S："很好，把什么东西，加上动词，给某人。懂了吗？"

学生们："懂了。"

[案例分析]：在此案例中，教师通过几个例子，让学生们复习了"把"字句的一个基本句式"把+东西+动词+给+某人"。由于是在影视课型（辅助课）中，因此，教师举的都是跟电影内容相关的例子，学

生们很容易理解和感悟,能够回答得又快又准确,领悟得也很深刻。这样的讲解方式十分有效,值得借鉴和使用,可以调动学生们参与的积极性。

3. 翻译式讲解

翻译式讲解是指教师通过媒介语或学习者的母语,来翻译解释目的语的知识与内容。这种讲解行为多适用于词汇的解释或对比分析。虽然,完全对等的翻译在两种语言中是不可能存在的,但是,在遇到一些近义词的细节分析时,翻译式讲解还是能起到拨云见日的作用的。

[案例展示]:104-10-05

教师S在FACT课型(阐释课)上,给每个学生发了语言点的相关讲义,然后,教师S让学生提出自己不懂或不清楚的地方。此时,教师S自行选择重要的语言点进行讲解。

教师S:"好,那我们先来讲一下'可以''会''能'的区别。你们觉得这3个词语意思一样吗?"

学生们:"不一样。"

教师S:"有什么不一样?"

学生A:"'会'和'能'差不多。"

教师S:"嗯,这3个词语的意思都差不多,但是有细微的差别。你们在讲义上找到解释了吗?"

学生们:"找到了。"

教师S:"好。'可以'是什么意思?"

学生们:"be allowed to。"

教师S:"对,'可以'表示的是'be allowed to'。(板书)'会'呢?"

学生们:"(大家纷纷念讲义)……"

教师S:"嗯,'会'有3个意思。第一个意思是have ability to;第二个意思是 have the tendency to;第三个意思是 indicate the future。(板书)明白了吗?好,'能'是什么意思?"

学生们:"circumstance allows。"(教师S板书)

教师S:"很好,现在知道这3个词语的差别了吧?所以,'会'使用的范围最广,'能'使用的范围最小。当然,其实它们在其他环境里还有别的解释，我们这里只是对课本里出现的内容进行分析。明白了吗？还有没有问题？"

学生们："明白了。"

[案例分析]：在这个案例中，教师 S 不仅用纸质的讲义说明了"可以""能""会"三者的差异，还带领全班同学一起学习了这个语言点。教师通过板书英文翻译的方式，对该知识点进行了详细的阐释，条理清晰，简洁明晰，快速有效。这样的讲解行为，在体演文化教学法的 FACT 课型（阐释课）中比较常见。

4. 操练式讲解

操练式讲解是指教师通过许多语言点的相关练习，来让学习者理解语言点的细则与运用。大多数情况下，教师先给出一些相关信息，然后引导学习者自己对语言点进行运用，在反复操练的过程中让学习者深刻领悟如何正确使用该知识点。其中，容易出错或比较重要的语言点，多会选择此种讲解行为，尤其是语法规则，所以该讲解行为多在 FACT 课型（阐释课）中使用。操练式讲解与举例式讲解有相似之处，但操练式讲解重在让学生参与练习，加速其自我认知；举例式讲解则多为教师自己讲解，以辅助学习者理解。

[案例展示]：104-09-27

教师 Y 在 PPT 上展示体演活动的内容为"动词＋完＋宾语"，有操练例句说明，同时配以多组练习的图片。

教师 Y："好，我们已经在前面几节课练习过了'动词＋完＋宾语'的用法。当询问一个动作是否完成时，如果这个动作后面有宾语，那么，'完'要加在动词和宾语之间，而不是放在宾语的后面。只有动词时，就加在动词后面。来，这是课本上的例子，'看书'。A，请你问我。"

学生 A："你看完那本书了吗？"

教师 Y："快看完了。明白了吗？"

学生们：（点头）。

教师 Y："好，我们来看下面的图。B，这个图是什么意思？"（指 PPT 中"做饭"的图片）

学生 B："做饭。"

教师 Y："很好。请你用这个词问 C。"

学生 B："你做完那个饭了吗？"

学生 C："快做完了。"

教师 Y："嗯，饭的量词是什么？measure word？"

学生们："顿。"

教师 Y："对。所以是那顿饭。来（示意学生 B），请你再问一次。"

学生 B："你做完那顿饭了吗？"

学生 C："快做完了。"

教师 Y："很好。D，请你用这个图（指 PPT 中'画画'的图片），问 E。"

学生 D："你画（发音 huā）完那张画（发音 huā）了吗？"

学生 E："快画（发音 huā）完了。"

教师 Y："（对学生 D 和学生 E）画（发音 huà）！"

学生 D 和学生 E："画（发音 huà）！"（重复练习，教师 Y 再让全班一起练习）

教师 Y："对了。"

[案例分析]：此案例中，教师 Y 在简单说明"动词+完+宾语"语言点的使用细则后，引导学生练习了 3 个例子。其间，教师 Y 还适时纠正了学生量词的使用错误与声调错误。学生通过练习或聆听其他同学的训练，体悟了这个知识点的使用规则。这里的教师讲解行为起到了良好的讲解效果。

二、教师讲解行为的理论支撑

鉴于体演文化教学法的课型设置特点，教师讲解行为主要集中在 FACT 课型（阐释课）上，由此来实现对学习者的知识输入与匡正。从这一角度来看，教师讲解行为的理论基础，便是第二语言习得理论中常常提到的"输入假说"，即通过丰富、可理解的输入行为，来促进学习者的第二语言习得。

"输入假说"是克拉申在中介语理论的基础上提出来的。所谓"输入假说"，即指理解是"输入"成为"内化"的前提。当学习者所接触的语言形式略高于其现有水平时，该语言形式就能够被理解，继而内化产生语言习得。克拉申特别提出了"$i+1$"的公式：i为学习者现有的语言水平，$i+1$为略微超出学习者现有水平的知识。

"输入假说"带给第二语言教学的启示是不容低估的，主要表现有以下几点：

第一，该理论提出了学习者才是"教什么"与"如何教"的依据，并旗帜鲜明地指出：传统输入是从"教"的角度来研究"输入什么"和"如何输入"的，但输入不等于习得，教不等于学，教必须关注学。

第二，"输入假说"的另一重要启示是以"可理解"为前提，强调丰富的目的语语料输入。因此，只有充足的、可理解的输入量才会有助于学习者的语言习得，所以"输入"必须从学习者的现有知识水平和情感体验角度出发来加以考虑。只有被学习者理解的"输入"才可能真正帮助学习者习得知识，才可能实现存在的意义。由此，学习者在语言输入中的地位，被提到了前所未有的高度。

体演文化教学法充分重视了上述两点。该教学法在 ACT 课型（演练课）中，强调让学习者自行输入知识，通过教材及视听材料来给予辅助。到了 FACT 课型（阐释课）上，教师讲解行为起到了直接输入的作用，但这种输入仍然是以学习者可接受和可理解为前提的。教师在学习者不断"试误"的进程中，提供了可理解的知识输入，让学习者自我纠正与内化。所有的 FACT 课型（阐释课）上的讲解内容，都是学习者在前面的 ACT 课型（演练课）中体演过的，所以学习者对其并不陌生，也能接受。但是，由于学习者的第二语言知识体系还在不断构建与完善中，因此，他们的内化过程是逐步丰富的，需要不断修正。这个时候，教师讲解行为就起到了"$i+1$"的作用。教师通过对知识点的总结与阐释，让学习者更深刻地理解 ACT 课型（演练课）上演练过的语言知识点，诸如举例式讲解、操练式讲解、翻译式讲解等讲解行为，能够更有效地促使他们对这些知识进行内化。这样的讲解行为才是切实有效的，才是从学习者"学"的角度出发的，也才是真正能促进第二语言习得输入的。

第二节　FACT 课型(阐释课) 与影视课型(辅助课) 的教师提问行为研究

提问是课堂师生互动常用的教学方式，有教师提问、学生提问和学生互问等几种方式。这里着重要分析的是教师提问行为。在课堂教学中，教师通过向学生提问，了解学生对知识点的掌握情况。同时，教师也可以通过提问，将知识传授给学生或者加深学生的印象。在不同的教学法体系中，提问起到的作用各有不同：有时候是作为教师讲解行为的辅助方式出现的，有时候是作为教师指导行为的配备行为出现的，还有时候是作为练习的必要支持手法出现的。分析教师提问行为，有助于更深入地了解体演文化教学法的理念及其理论支撑。

一、教师提问行为分析

在体演文化教学法中，教师提问行为多发生在影视课型（辅助课）上，在 FACT 课型（阐释型）中偶尔出现，同时在 ACT 课型（演练课）上也不常见。由于影视课型（辅助课）的教学程序第二部分便是教师提问环节，因此，教师提问行为是影视课型（辅助课）中教师比较常见的教学行为。根据不同的教学目标，教师采取的具体提问方式略有不同。同一提问方式因教师教学风格不同，也会产生教学效果上的差异。

1. 细节式提问

细节式提问多见于影视课型（辅助课）上。教师为了检查学习者是否对影视作品脚本进行预习或者学习者是否真正理解了影视作品的内容，多会选择连续式的细节式提问。细节式提问所设计的内容，一般可归纳为"5W + 1H"，即 Who（谁）、When（何时）、Where（何地）、What（做什么）、Why（为什么）、How（怎么样）。

［案例展示］：104-09-22

教师 S 放映电影《陌生的朋友》开头的一部分。上节课，学生们已经就此部分电影内容向教师 S 提出了问题，这节课是教师 S 提问阶段。教师 S 放映了一段女主角来到火车站的场景，然后暂停播放，开始提问。

教师 S："现在是什么时候？"

学生们："白天。"

教师 S："上午还是下午？"

学生们："上午。"

教师 S："好，我们看到了谁？"

学生们："姑娘。"

教师 S："姑娘要去哪儿？"（随机向学生 A 提问）

学生 A："嗯，火车站。"

教师 S："她是怎么到火车站的？"（随机向学生 B 提问）

学生 B："走路。"

教师 S："她跑了吗？"

学生 B："嗯，跑了。"

教师 S："所以，她是怎么到火车站的？"

学生 B："她走路和跑去的。"

教师 S："嗯……最好说，她跑着去的。"

学生 B："哦，她跑着去的。"

教师 S："她去火车站做什么？"（随机向学生 C 提问）

学生 C："去……坐火车。"

[案例分析]：在这个案例中，教师 S 就已看过的电影内容向学生们提问，充分体现了细节式提问的"5W + 1H"，一步一步地让学生们关注到电影的细节。教师 S 在提问的过程中，不仅有向全班提问的环节，也有向单个学生提问的环节，课堂气氛掌控得当。在问到"How"这个细节问题时，学生 B 出现了错误，教师 S 为了保持提问行为的整体性，选择了直接纠错的行为方式，将主旨迅速拉回到提问的行为上。此案例展示了教师 S 熟练的提问技巧。

2. 推导式提问

推导式提问是指教师检查学习者是否对相关知识点具有了自我综

合构建的能力。在影视课型（辅助课）和 FACT 课型（阐释型）上，这种提问行为比较常见，它能够起到锻炼学习者自我习得能力的作用，属于较高层次的提问行为。教师一般会根据学习者对知识点的掌握程度，来判断是否选择这种提问行为。

[案例展示]：104-10-06

教师 Y 在 FACT 课型（阐释型）上，已经向学生们发放了教学讲义。此时展示的语言点是"动词+宾语+动词+了/得……"由于此语言点已经在 ACT 课型（演练课）上练习了多次，是比较重要的知识点，因而此时教师 Y 没有直接对其进行讲解。

教师 Y："（对学生 A）你开车吗？"

学生 A："我开车。"

教师 Y："你开了多长时间了？"

学生 A："开了……4 年了。"

教师 Y："好，（对学生 B）你开车开了多长时间了？"

学生 B："啊，我开车开了……3 年了。"

教师 Y："嗯，很好。同学们都会吧？"

学生们：（点头）。

教师 Y："好，再练习一个句子。（对学生 C）你学汉语吗？"

学生 C："我学汉语。"

教师 Y："你学得怎么样？"

学生 C："啊，学得很不好。"

教师 Y："不，你学得很好。"

学生 C："啊，没有，没有。"

教师 Y："（对学生 D）你学汉语学得怎么样？"

学生 D："我学汉语学得不好。"

教师 Y："没有，没有，你们学汉语都学得很好。"

[案例分析]：此案例中，教师 Y 通过"开车""学汉语""开了多长时间""学得怎么样"来向学生们提问，最后推导出"开车开了多久""学汉语学得怎么样"的语言点练习。因为有前面的推导过程，学生们在面对"动词+宾语+动词+了/得……"的知识点提问时，比较顺利

地说出了正确答案。教师 Y 还对学生们的谦虚表达进行了纠正，调节了紧张的教学气氛，更有利于学生们记住此处练习的语言点。

3. 转移式提问

转移式提问是指本来应由教师进行提问的环节，却改为让学生们进行生生问答。这种提问行为主要见于影视课型（辅助课），这既是教师为了改变一成不变的教学模式而采取的新颖做法，也是教师从体演文化教学法的教学理念出发而选择的学生自主学习策略。学生能够就学习的内容发起提问，表示他已具备了较高级别的语言能力，教师可以通过这样的行为比较全面地了解学生现有的语言水平。因此，在转移式提问实施时，教师要起到指导和监督的作用，对生生问答加以调控和匡正。

［案例展示］：510-05-06

教师 S 在影视课型（辅助课）上，所放电影为《早春二月》。此时是影视课型（辅助课）学习的第二阶段，即教师提问环节。教师 S 在教室中间放了一把椅子，然后开始上课。

教师 S："今天我们换一下，你们来演电影中的人物。谁想来演肖先生？"

学生 A："我来。"

教师 S："好，来，坐这里。"

学生 A：（上台坐到椅子上）。

教师 S："现在他是肖先生，你们可以问他各种问题。"

学生 B："你为什么不教书了？"

学生 A："因为消息快。"

教师 S："消息传得很快。什么消息传得很快？"

学生 A："我要和文嫂结婚的消息。"

教师 S："好，下一个问题。"

学生 C："为什么你要采莲上课，可是她的妈妈不要去？"

教师 S："请你再说一遍你的问题。"

学生 C："啊，为什么你要采莲上课？"

教师 S："她妈妈怎么了？"

学生C:"她妈妈不要上课。"

教师S:"她不要上课?"

学生C:"不是,不要采莲上课。"

教师S:"所以,应该怎么说?"

学生C:"啊,为什么你要采莲上课,可是她妈妈不要采莲上课?"

教师S:"采莲的妈妈不要她上课,可是,为什么你要采莲上课?再说一遍。"

学生C:"采莲的妈妈不要她上课,可是,为什么你要采莲上课"?

教师S:"对了,请回答。"

学生A:"啊,我喜欢采莲上课,因为她的教育重要。"

教师S:"喜欢?"

学生A:"对,喜欢,hope。"

教师S:"啊,那是希望,不是喜欢。"

学生A:"哦,我希望采莲上课,因为她的教育重要。"

教师S:"她的教育很重要。"

学生A:"我希望采莲上课,因为她的教育很重要。"

[案例分析]:在这个案例中,教师S采用了生生问答的方式来取代常规的师生问答模式,给学生们带来了新鲜感。在学生C向学生A提问的过程中,教师S起到了良好的监控和指导作用。他对每名学生的提问和回答中语法和词汇方面的问题进行了纠正,保证了学生A问答内容的准确度,以便学生A在这个过程中学习到正确的语言知识,并强化学生A对知识点的综合运用能力。

4. 反向式提问

反向式提问是指教师没有按照常规的提问思路向学习者提出问题,而是从反向思考的角度来表达疑问。这样的提问行为在影视课型(辅助课)与FACT课型(阐释课)上比较常见,往往会产生一种幽默诙谐的课堂效果,既活跃了教学气氛,又加深了学习者对知识点的记忆。此种提问行为多为教学风格活泼、教学经验丰富的教师选用。

[案例展示]:206-05-19

教师S在FACT课型(阐释课)上,已经让学生们练习了一些语言点。此时是听后复述训练。教师 S 播放一段课后练习的录音，然后就录音内容向学生们提问。

教师 S："好，这栋房子在哪里？"

学生们："在远大。"

教师 S："远大不是全名，全名是什么？"

学生们："远东大学。"

教师 S："好。这个房间是房东二儿子的吗？"（对学生 A）

学生 A："不是，是大儿子的。"

教师 S："啊，房东希望大儿子将来做什么？在街上卖茶叶蛋？"

学生们："（笑）不是，希望他做老师。"

教师 S："啊，做老师。嗯，那个用人——王妈都做些什么？什么都不做？整天看电视吗？"

学生们："（笑）不，王妈做饭，打扫屋子。"

教师 S："哦，不能看电视啊。好。房东太太的房租多少钱一个月？一百块？"（对学生 B）

学生 B："不，一个月一千块。"

教师 S："这么贵！"

[案例分析]：在此案例中，教师 S 通过反向式提问，把枯燥的教学内容进行得趣味横生、活泼生动。学生们因为没有想到教师会采取这样反向性思维的方式来提出问题，所以在回忆录音内容时，消除了紧张感，回答得轻松而准确。这个案例也充分说明，良好的教学行为会使教学效果获得极大的提升。

二、教师提问行为的理论支撑

教师提问行为多发生于体演文化教学法的影视课型（辅助课）上。与前面的教师课堂讲解行为相对，教师提问行为多体现了第二语言习得理论中的"输出假说"理论，即语言实践能够提高语言表达的流畅性与准确性。

众多研究者一致认为，仅靠"可理解输入"是不足以使第二语言学习者达到较高水平的。输出，即学习者用语言表达，也同样重要。斯万的"可理解输出假说"就集中表达了这种观点。[1]

斯万认为，如果学习者想使他们的第二语言既流利又准确，不仅需要"可理解的输入"，更需要"可理解的输出"。所谓"可理解的输出"，是指当学习者在交际过程中遇到困难时，不得不将自己的语言修改得更连贯、更准确，以使自己的表达被听话者所理解。语言输出能激发学习者的认知处理从语义角度转向句法角度。语义认知重在理解，句法认知重在促成习得。因此，"可理解的输出"对学习者的第二语言习得有潜在的重要作用。具体作用有以下几点：

第一，语言输出能引导学习者注意到自身语言存在的问题。学习者在语言输出时，会发现自己试图表达的语言与能够表达的语言之间存在差距。这种差距会促使学习者意识到自身语言所存在的问题，进而去探寻需要学习的第二语言相关知识。

第二，语言输出能帮助学习者对自身语言进行假设检验。学习者通过从听话者处取得的反馈，可检验出自身语言的准确性及可理解度。学习者将不断完善自己的语言假设，语言表达会更加精准。

第三，语言输出具有元语言功能。所谓元语言，是指学习者所具有的语言知识的总和，即他们通过反思和分析语言，所得出的有关语言形式、结构和系统等方面的知识雏形。语言输出可以使学习者逐步过渡到句法认知处理。这种句法认知处理可以引导输出语言不断改进，使学习者朝着习得迈出更大的一步。

第四，语言输出能促使学习者的目的语表达自动化。第二语言教学的首要目标是能够让学习者准确、流畅地用目的语进行交际。语言输出便是达到这一目标的重要手段。大量积极的语言输出会促成语言自动化、认知处理的自动化，使输出变为条件反射，进而实现流利的表达。[2]

---

[1] Pica, Teresa. Questions from the language classroom: Research perspectives [J]. *TESOL Quarterly*, 1994, 28 (1): 49-79.

[2] Smith, Michael Sharwood. Comprehension versus acquisition: Two ways of processing input [J]. *Applied Linguistics*. 1986, 7 (3): 239-256.

体演文化教学法的教学理念充分强调了语言输出在语言学习中的重要作用。ACT 课型（演练课）自然是以学习者的语言输出为教学核心的，整个课型全貌可称为"输出教学"。而 FACT 课型（阐释课）与影视课型（辅助课）上的教师提问行为，则是在为学习者更好地进行自我输出，创造前提条件。

教师通过不同的提问方式，来引导学习者进行第二语言的输出。学习者在教师提问的引导下，积极验证自身第二语言知识体系的假设，发现自身语言存在的问题，不断地进行语义或句法的认知处理，最终向完善的第二语言认知体系靠拢，达到语言输出的自动化。虽然教师的课堂提问行为具有一定的强制输出特点，但是所有的课堂提问行为都是在学习者已有"可理解的输入"的条件下发生的，因此，学习者的回答都具有积极的反馈意义。

另外，在提问过程中，师生产生互动，生生之间亦产生互动。这种多向的教学互动形式，让学习者的"输出"行为变得真实、高效，对 ACT 课型（演练课）上的"主动输出"也起到了良好的辅助与强化作用。应该说，FACT 课型（阐释课）与影视课型（辅助课）上的"被动输出"练习，是 ACT 课型（演练课）上"主动输出"教学方式的完美补充。这两种输出方式都充分考虑到了学习者的可理解度与可接受性，是符合学习者的学习心理与认知心理的。

第三节　FACT 课型（阐释课）与影视课型（辅助课）的教师答疑行为研究

教师答疑是指教师通过解答学生提出的疑问来引导学生发现问题、提出问题、解决问题，从而巩固和加深学生所学知识的行之有效的方法。教师答疑是学生处于主动地位，向教师提出问题，由教师进行解答，即"学生考教师"。因此，教师答疑行为是教师教学行为中比较能显现出教师教学功力的重要环节。

一、教师答疑行为分析

在体演文化教学法中，学生的问题基本都集中在FACT课型（阐释课）和影视课型（辅助课）上提出。由于影视课型（辅助课）更多关注的是复习已学内容和锻炼学习者的复述能力，因此，学习者提出的问题相对简单，多集中在词语解释或文化知识等方面。FACT课型（阐释课）是全面向学习者进行理论解答的课型，所以教师答疑行为出现较多，涉及内容也较广。面对学习者提出的各种各样的问题，教师多会根据实际情况采取不同的回答方式，某些特色教学行为也正契合了体演文化教学法的教学特点。

1. 直接式答疑

直接式答疑是指教师直接回答学生的提问。这样的答疑行为比较传统，既有时效性，又能保证答案清晰。但是因为这样的答疑行为属于单向输入，不容易给学生留下深刻印象，所以在体演文化教学法中，教师较少选择这样的答疑行为。只有在回答比较简单的问题，诸如词义说明、语音纠正等时，教师才会选择直接式答疑。

［案例展示］：510-04-20

教师S在影视课型（辅助课）上，所放电影为《北京故事》。此时为课程设置的第一阶段，即学生提问、教师回答阶段。教师S放映了一段影片，剧中人物在进行对话，学生A举手发问，教师S暂停播放影片。

学生A："请问'老是'是什么意思？"

教师S："Always，也可以说'总是'。"

学生A："那'老是'和'总是'有什么区别？"

教师S："说话人用'老是'，表示他并不同意'老是'后面部分的内容。"

学生A："莉莉说，'他老是这样'，意思是她觉得这样不好？"

教师S："对，可以这么理解。"

学生A："哦。"

[案例分析]：在此案例中，教师 S 对学生 A 提出的"老是"这个词的词义问题，直接给出了解析的答案，并且告诉学生 A "老是"的近义词"总是"与"老是"的区别。此次答疑时间较短，但学生 A 仍然得到了满意的答案，该课程也可以继续进行下去。因此，在这样的情境中采用直接式答疑是可行的。

2. 启发式答疑

启发式答疑是指教师没有正面回答学习者提出的问题，而是采用启发、诱导的方式来让学习者自己得出答案。之所以采用这样的答疑方式，一般是因为学习者提出的问题并不是太难，或是前面已经有过适当的练习，或是学过类似的语言点，所以教师有把握在引导和提示后，学习者能够自行获得答案。

[案例展示]：103-04-22

教师 Z 在影视课型（辅助课）上，放的影片是《陌生的朋友》。此时为课程设置的第一阶段。教师 Z 播放一小段影片，内容为杜秋的太太送杜秋上火车，叮嘱他出差的一些注意事项。然后，教师 Z 暂停播放影片，让学生们自由提问。

学生 A："请问'不要乱交朋友'是什么意思？"

教师 Z："嗯，'交朋友'你懂吗？"

学生 A："Make friends?"

教师 Z："对。好，杜秋喜欢交朋友吗？"

学生 A："喜欢。"

教师 Z："交朋友是好事，但杜秋的太太不让杜秋交朋友，原因就在'乱'上面。'乱'是什么意思，知道吗？"

学生 A："我不知道。"

教师 Z："Mess，random。明白吗？"（用手势和肢体辅助学生 A 理解）

学生 A："嗯。"

教师 Z："所以，'乱交朋友'是什么意思？"

学生 A："嗯，Make friends no principles?"

教师 Z："对了，就是这个意思。因为杜秋到处交朋友，make a lot

of friends，所以他太太才会说'不要乱交朋友'。懂了吗?"

学生 A："懂了。"

[案例分析]：在此案例中，教师 Z 通过引导学生 A 理解"交朋友"和"乱"的意思，来回答学生 A 提出的"不要乱交朋友"的问题。学生 A 通过自己的探索，一步步地得出了正确答案。然后，教师 Z 再对答案进行总结，加深了学生 A 对知识点的理解。这样的答疑行为是切实有效的。

3. 演绎式答疑

演绎式答疑是指将"举例""操练"两种方式融为一体的答疑行为。一般多见于 FACT 课型（阐释课），用于需要强调的语言点。教师一般会先通过举例来回答学生提出的问题，然后再给出几个例子让学生自己进行练习。在这样的答疑行为指导下，学生会对语言点有较深刻的理解。虽然不算是体演文化教学法特有的教师答疑行为，但也是比较常用且有效的教师答疑行为。

[案例展示]：103-04-28

教师 Z 在 FACT 课型（阐释课）上，已经提前让学生们从网上下载了此节课的教学讲义。此时，教师 Z 一边根据讲义上知识点的难度，由高到低地对学生们一一进行讲解，一边允许学生们随时提问。

学生 A："请问'刚好'是什么意思?"

教师 Z："你想的情况和事实发生的情况一样。例如，你 7 月想去中国，因为 7 月在中国有 OSU 的暑期课程。这时，你就可以说'OSU 的暑期课程刚好 7 月在中国。'又如，你想喝可乐，朋友说'家里只有可乐了'。你就可以说'我刚好想喝可乐'。懂了吗?"

学生 A："啊，懂了。"

教师 Z："嗯，那我想写字，可是没有笔，我想向你借。你有 2 支笔，这时你应该怎么说?"

学生 A："我，我刚好有笔。"

教师 Z："对了。你来上课，想坐这里（手势比画）。这个座位没有人。这时，你应该怎么说?"（面向全班）

学生们："刚好有座位。"

教师 Z：“对，这里刚好有座位。好，都懂了吗？"
学生们："懂了"。

[案例分析]：在此案例中，教师 Z 首先对学生 A 提出的"刚好"的词义问题进行了回答。为了让学生 A 理解"刚好"的正确用法，教师连举了 2 个例子加以说明，然后又让学生 A 做了 2 个相关练习。这样的答疑行为可以让学生 A 完全理解"刚好"的意思与使用方法。同时，在答疑过程中，教师 Z 先针对学生 A 进行讲解，然后转向对全班学生进行问答，目的是希望能通过此次讲解，让其他心中存在疑问的学生都能明白正确词义。这样的答疑行为较为烦琐，但效果显著。

4. 对比式答疑

对比式答疑是指教师将前面已经讲授清楚的语言点，与学生提出的语言点结合起来，向学生进行解释说明。此时，教师选择对比讲解的语言点，一定要跟需要答疑的语言点紧密相连，这样才能起到辅助说明的效果。这种答疑行为，需要教师对所教授的教学内容十分熟悉，语言功底比较扎实，才能充分发挥这种答疑行为的优势。

[案例展示]：104-01-04

教师 Y 在 FACT 课型（阐释课）上，已经将教学讲义发到学生们手中。教师 Y 一边给学生们讲解相关知识点，一边允许学生们随时发问。

学生 A："请问，'了'（发音 liǎo）是什么意思？'写得了'。"

教师 Y："Stand，承受。（板书）嗯，我们前面学了'了'（发音 le），表示完成和结束语气。所以'了'有两个读音，在汉语中常常一起使用。比如，（手势比画两人对话的样子）吃了（发音 le）吗？吃了（发音 le）。还吃得了（发音 liǎo）吗？吃不了（发音 liǎo）了（发音 le）。最后一句，两个'了'就是两个发音。意思不一样。第一个'了'表示'stand'，第二个'了'表示句子结束。所以要读成'吃不了（发音 liǎo）了（发音 le）'。懂了吗？"（面向全班）

学生们："懂了。"

教师 Y："来，跟我读。'吃得了吗？'"

学生们："吃得了吗？"

教师 Y："吃不了了。"

学生们："吃不了了。"

[案例分析]：在此案例中，教师 Y 结合"了"的两个发音、两个意思，向学生们对比讲解了不同发音的"了"的意思。"了"是汉语语言点中的难点，学生们非常容易出错，所以教师 Y 在这里专门把前面讲过的知识结合起来再讲一次，不仅回答了学生 A 提出的问题，又对比了不同发音的"了"的意思与句中位置。这样的对比式答疑，让学生们既复习了前面的知识，又巩固了新学的知识，起到了前后贯通和加深记忆的作用。

5. 转移式答疑

转移式答疑是指教师在面对学生提出的问题时，没有自己回答，反而把问题抛给了其他学生，让其他学生帮助提问者解疑。这种答疑行为与转移式指导有异曲同工之妙，是体现体演文化教学法特色的一种答疑行为。因此，在进行转移式答疑时，一般情况为学生提出的疑问已经反复练习过多次，或是大部分学生已经掌握了该知识点。转移式答疑通过生生互动的方式，不仅让更多的学生关注教学内容，也促进了生生之间的共同进步。

[案例展示]：103-04-29

教师 Y 在影视课型（辅助课）上，所放影片为《陌生的朋友》。此时为课程设置的第一阶段。这时，电影中所放的片段是火车中途停站，剧中人物下车买包子的场景。

学生 A："'用餐'是什么意思？"

教师 Y："（转向学生 B）你知道吗？"

学生 B："Eat。"

教师 Y："用中文怎么说？"

学生 B："吃东西。"

教师 Y："对，吃东西。"

学生 A："为什么不说'吃饭'？"

教师 Y："（转向学生 C）你觉得呢？"

学生 C："'用餐'更正式。"

教师 Y："嗯，对。'用餐'比'吃饭'更加正式。懂了吗？"

学生 A："懂了。"

[案例分析]：在此案例中，教师 Y 没有直接回答学生 A 的提问，而是先把问题抛给了学生 B，然后在学生 A 的进一步提问中，教师又把问题抛给了学生 C。在这 2 名学生的帮助下，学生 A 得到了自己想要的答案，学生 B 与学生 C 掌握的知识点也得到了运用。教师最后对知识点进行了归纳，加深了学生们对该知识点的印象，这也是对转移式答疑的一种匡正。

6. 回避式答疑

回避式答疑是指教师不回答学生提出的问题。一般多见于课堂时间有限、学生提出的问题较多的情况。还有一种情况，就是学生提出的问题已经超出了本节课所授的内容，且问题的难度过大或者关联性较小，所以教师选择回避和忽略。教师选择回避式答疑时，会考虑到学生情绪的波动，一般会告知学生课后对其进行解答。所以，回避式答疑并不会影响课堂教学，这也是教师从课堂教学的整体性出发而做出相应的教学调整。

[案例展示]：103-04-28

教师 S 在影视课型（辅助课）上，所放影片为《早春二月》。此时是课程设置的第一阶段。这时，电影所放的片段是男女主人公各自在家发愁的场景。学生 A 举手向教师 S 提出问题，教师 S 暂停播放影片。

学生 A："陶兰现在跟肖先生是什么关系？"

教师 S："同事。"

学生 A："他们互相喜欢吗？"

教师 S："嗯，你们觉得呢？"

学生们："喜欢。"

教师 S："嗯，那就是吧。"

学生 A："如果肖先生是采莲的爸爸，陶兰也喜欢他吗？"

教师 S："嗯，这是个很难的问题。我想，你们可以自己讨论。"

[案例分析]：在此案例中，教师 S 先对学生 A 提出的简单问题进行了直接回答，但是当学生 A 的关注点从语言知识方面转移到电影内

容方面时，教师 S 就采取回避答疑的方式。这样的做法可以保证教师对课堂的全局掌控。如果时间充裕，教师 S 可以为了活跃课堂气氛，跟学生探讨一些影片内容。但是，在课堂时间十分有限的情况下，教师 S 一般会采取回避的态度。在这里，教师 S 为了照顾学生的情绪，选择了让他们私下讨论的方式来回避问题。这样的处理方式，既不显得生硬，又达到了回避答疑的目的，展现出教师 S 具有丰富的教学经验。

二、教师答疑行为的理论支撑

体演文化教学法中的教师答疑行为，无疑与教师课堂纠错行为有许多相似之处，因此，其主要的理论基础包括了前面提到的桑代克提出的"试误论"。除此以外，教师答疑行为还突出地体现了体演文化教学法的另一核心理论——建构主义。

建构主义理论是 20 世纪 90 年代在美国兴起的课堂教学研究的重要理论。建构主义认为，知识是在学习者原有知识的基础上生长发展起来的。学习者学习的过程，不是被动接受外界刺激的过程，而是主动建构知识的过程。学习者用自己已有的知识经验作为基础，对新的知识信息进行理解和加工，由此建构起新的知识体系。同时，原有的知识经验又因为新的知识经验的进入，不断地发生改变和调整，所以学习者的学习过程不是对新信息的直接吸收和积累，而是一种新、旧知识之间的相互作用。在这种作用中，包含了学习者对知识的客观分析、选择、批判和创造。建构主义的教学理论要求教师要由知识的传授者、灌输者转变为学生主动建构知识的帮助者、促进者；要求教师应在教学过程中采用全新的教育思想与教学结构，彻底地摒弃以教师为中心、强调知识传授和把学生当作知识灌输对象的传统教育思想。

建构主义理论强调创设以学习者为中心的学习环境，认为"情境""协作""会话""意义建构"是学习环境中的四大要素。"情境"要求学习环境中的情境设置不仅要丰富，而且要有利于学习者对所学内容的"意义建构"。"协作"贯穿于学习者学习过程的始终，对收集与分析学习资料、提出与验证语言假设、评价学习成果、建构最终语言意义等方面,均有重要作用。"会话"是协作过程中必不可少的环节,学习者之间必须通过对话合作来商讨如何完成规定的学习内容。在各类实践行动中,"协作"与"会话"都是学习者"意义建构"的必要途径。意义建构是整个学习过程的最终目标与追求。"情境""协作""会话"都是围绕"意义建构"而产生、发展的。

可见,建构主义提出了一种与传统学习理论完全不同的理论观点,即师生的角色发生了巨大的转变,中心由教师转变为学习者。有学者这样总结建构主义的教学模式:以学生的自我控制学习为中心,创设鼓励学生积极建构、相互合作、提供丰富信息来源、基于真实情境和真实任务的学习环境,其中教师对学生的学习起监控、组织、指导、帮助和促进的作用,充分发挥学生的主动性、积极性和首创精神,最终使学生有效地进行知识的"意义建构",成为能够自我控制学习、正确地认识世界的终身学习者[1]。

这一总结明确了建构主义理论中教师的辅助作用与合作学习的重要性。建构主义理论先驱皮亚杰曾说:教师的作用在于,尽量为每个学生创设挑战其思维方式的情境、提供检验和发展其语言方式与观念的模型,帮助他们检查自身的思维方式。因为每个学习者已有的知识和经验是不一样的,所以他们在构建对事物的理解时也是通过自己所接受的方式来进行的。因此,教师不能建立唯一的标准体系来让学生构建语言系统,而应该竭力让学生自主丰富自身对语言的理解。[2]

合作学习理念的基础实际与上一个论述相似。苏联心理语言学家维果茨基曾指出,学习者的语言发展要经历三个阶段:发现语言、学会语言和语言表达。维果茨基特别强调,这三个阶段的实现都要通过学习者与其他更有经验的个体之间产生相互作用才能完成。因此,维果茨基认为,教学的本质在于促成学习者的"现有发展区"向"最近发展区"靠拢。"现有发展区"是指学习者已经完成的认知发展和形成的心理水平。

---

[1] 何克抗. 建构主义的教学模式、教学方法与教学设计 [J]. 北京师范大学学报(社会科学版).1997(5):74-81.
[2] 转引自王文静. 基于情境认知与学习的教学模式研究 [D]. 上海:华东师范大学博士学位论文,2002:42-43.

"最近发展区"是指学习者正在形成、发展和成熟的认知与心理水平。所以，建构主义理论认为，语言学习的发展是在学习者与教师和同伴之间的交往互动活动中逐渐进行的。[1]

上述有关建构主义的观点均为体演文化教学法的教师答疑行为提供了强有力的理论支持。

首先，体演文化教学法下的教师答疑行为，充分地体现了建构主义强调的协作学习对意义建构的关键作用。学生在自我语言体系构建的过程中遇到难题，通过向教师提出问题的方式，来寻求协作。教师选择直接回答或间接引导的答疑行为，来协助学生修正自己的观点，让其进一步理解语言知识，并形成良性的语言体系。通过这样的协作学习环境，学习者个人的思维与智慧，不仅可以为自我认知体系提供帮助，还可以为整个教学群体所共享。这样的答疑行为应该说是协作学习的一种完美体现。

其次，体演文化教学法中的教师答疑行为，属于建构主义强调的"利用各种信息资源来支持'学'（而非支持'教'）"。为了支持学习者主动探索和完成自我语言体系建构，教师在教学过程中，要为学习者提供各种信息资源。这里的信息资源并非仅仅来自教师的讲解和演示，还来自教师的课堂答疑。学习者在"认知平衡、不平衡和新认知平衡"的循环中，对第二语言的认知经历了一个不断假设、验证、修饰的过程。教师的答疑反馈，便是用于支持学生的自主学习和协作式探索的辅助方式。学生在教师答疑行为的帮助下，发展了自身的第二语言认知结构，增进了对第二语言系统的理解和掌握。这种强有力的支持与 ACT 课型（演练课）上学习者自我体演的构建方式是相辅相成的。

最后，体演文化教学法的教师答疑行为，体现了建构主义对教学设计的总体要求，即教学内容的设计要具有一定的认知难度，这样才有利于学习者由"现有发展区"向"最近发展区"靠拢和过渡。当学习者在输入目的语素材或认知内化的过程中出现困难时，他们就需要通过师

---

[1] 转引自王文静. 基于情境认知与学习的教学模式研究 [D]. 上海：华东师范大学博士学位论文，2002：43.

生、生生之间的交往互动和意义协商的方式，来共享教师和其他学习者解决类似问题的经验和教训，以此来促进自身的语言学习和心理发展。教师答疑行为就是这个过渡过程中的关键展现。教师作为引导者和协助者，其作用正是通过这些答疑行为来得以发挥。

因此，教师答疑行为与教师纠错行为，充分契和了体演文化教学法隐含的"建构主义"理论的教学理念，值得我们对其加以重视与研究。

第五章

每日评估体系研究

课堂教学评估体系作为一个反馈机制,对内可以了解学生在课堂上的具体表现,对外可以知道学生在自然语境下的实际语言水平。每日评估体系作为体演文化教学法独特的评估体系,与传统的教学评估体系完全不同。一般来说,传统的评估方式是期中考试与期末考试成绩的综合评估。这属于比较常见的"总结性评价",其目的是检验学生是否最终达到了教学目标的要求。总结性评价重视的是结果,借以对被评价者做出全面的鉴定,区分出等级,并对整个教学活动的效果做出评定。而体演文化教学法所实施的每日评估体系则属于另一种评价类型,即"形成性评价"。

另外,每日评估体系作为体演文化教学法中从未间断的反馈系统,在整体理论框架中也占有十分重要的地位。在前文中,本书已经介绍了每日评估体系的"4分评级制",也就是说,在每日的课堂教学中,教师会通过使用"4分评级制"对学生的课堂表现做出评价。在实际的课堂教学中,教师一般会把学生的课堂表现分为两个部分来进行评价:一部分是学生对课文内容进行体演练习,这部分内容主要检测学生有没有在课下进行预习和复习,有没有自我输入与演练;另一部分是学生对课后及教师现场设计的活动所做的体演练习,这部分内容主要检测学生对所学知识点内化与固化的程度与效果。每部分体演练习,教师先会用"4分评级制"来对学生进行评价,然后相加得出当日学生的总体分数,并记录在案。每周结束后,教师会将此周每日的评估成绩反馈给学生,以便让学生随时了解自己的学习情况,鼓励和鞭策他们继续努力练习。

这样的评估体系与传统的教学评估系统是不一样的。它并不强调将学生的学习效果区分出等级,它的目的在于实时调控学生的学习进度与效果,关注教学进程的变化与发展。这样的评估体系,对体演文化教学法起到了良好的教学监督作用,与该教学法中的"以学生为教学中心"的总体理念相吻合。

第一节 每日评估体系的核心与作用

形成性评价是在20世纪60年代末期出现的一种新型评价体系,随着课堂教学理论的不断发展,此评价系统已受到越来越多教育工作者的重视。体演文化教学法便是通过使用此评价系统来保持其教学效果稳定的。因此,每日评估体系的核心就是形成性评价。

一、每日评估体系的核心

1. 何谓"形成性评价"

形成性评价是指教师评价的内容包括了学生日常学习过程中的所表现出的情感、态度、策略及其所取得的成绩等各个方面,是对学生学习全过程的持续观察、记录和反思后才做出的发展性评价。形成性评价的目的是激发学生的学习热情,帮助学生有效地调控自己的学习进度,使学生获得成就感、增强自信心。形成性评价不是简单地从评价者的需要出发,而是从被评价者的需要出发,重视学生学习的过程,重视学生在学习中的体演体验,是真正将学生从被动接受评价的客体参与者转变为主动进行评价的主体参与者。

在体演文化教学法的实际课堂教学中,教师通过每日使用"4分评级制"来对学习者的两部分课堂表现做出评价。每周结束后,教师会把每日的评估成绩反馈给学生。如果学生出现多次缺席或几次课堂表现较差的情况,教师一般会在课下单独与学生进行沟通,推荐其参加俄亥俄州立大学东亚语言文学系的"一对一"辅导课程来提高学习水平,或将其转入其他水平略低的课程进行学习。学生多会自我敲响警钟,发奋刻苦，迎头赶上。学生的期末成绩是教师将学生的每日评估成绩相加再除以学习天数，得出的最终分数。如果教学时间允许，期末一般也会安排一次稍微正式的考试，在总成绩中占有一定的比重，这样的情况多发生在中、高级课程中。不过，学生成绩的核心部分仍然来自每日评估体系。这种持续性的评估系统就是典型的形成性评价。

2. 形成性评价的形成与发展

形成性评价是在建构主义学说的影响下产生和发展起来的。美国教育学家斯克里文最先提出形成性评价的概念，将教学过程提升到了前所未有的重要高度。随后，美国教育评价界的学者开始关注形成性评价，研究其特点和功能，并对它可能采用的评价工具进行了积极的探索。20世纪80年代，形成性评价的研究上升到一个新的阶段。许多学者将研究重心转移到形成性评价与总结性评价的差异上来。这一阶段的研究表明，形成性评价更能帮助学习者学有所成。20世纪90年代，教学评价界的关注点又从"形成性评价能否促进教学目标达成"转移到"形成性评价能否对教学活动的优化产生积极作用"上来。20世纪初期，国内外教学领域开始提倡将形成性评价与总结性评价相结合。杨惠元在《课堂教学评估中的作用、原则和方法》一文中指出："我们应该搞'进行时'的教学评估，不都是'完成时'的教学评估。只有关注学生的学习过程和教师的教学过程，为教学提供早期的和及时的反馈，才是最有效的教学评估。"[1]

目前，语言教学已经从"多方法时代"转向了"后方法时代"，语言教学评价也应随之做出相应的调整，要打破传统"一锤定音"的评估方式，避免把测量和评价，尤其是把期中考试、期末考试、汉语水平等级考试当作教学目的，而忽略了学习过程的全局性和重要性。体演文化教学法则是充分考虑到语言教学的演进性，将形成性评价纳入整个教学法体系，并将其与"体演"等核心元素紧密结合。每日评估体系被看作一个激发学习者学习动机的必备要素，既考虑到学生的自我评价、多元评价等多个层面的相互影响，又对教学起到反馈和促进的作用，更对学

---

[1] 杨惠元. 课堂教学评估的作用、原则和方法[J]. 汉语学习，2004（5）：56.

生的自我语言认知体系的构建起到良好的监督作用。

二、每日评估体系的作用

首先，每日评估体系有利于提高学生的学习兴趣和激发学生的学习动力。每日评估体系通过让学生关心自己的学习成绩使其获得自我效能感，从而激发他们对语言产生学习兴趣和学习动力。这种学习兴趣和学习动力是学生自发形成的，是内在的学习动机。

其次，每日评估体系有利于加强教师对教学进程的把握与掌控。每日评估体系让教师及时、定期地了解自己的课堂，进而发现问题并迅速改正；让学生与教师定期进行交流，教师了解学生在学习和情感上的状况，能够适时地调整教学内容与进度，更好地找到适合师生互动教学的有效方式。

最后，每日评估体系有利于提高学生的学习水平。每日评估体系可以让学生定期关注自己的学习成果，及时看到自己的进步和不足；可以让学生能动地参与课堂教学，充当学习的主人；还可以让学生通过对比和自我纠正，增强学习动力。

因此，体演文化教学法的每日评估体系可以对学生的学习行为产生长期持久的影响，对语言教学起到积极的促进和监督作用，是一种行之有效的评估体系。这是其他教学评价方法无法替代的，也是体演文化教学法成功的一大秘诀。

第二节 每日评估体系的理论基础

基于前面的分析，我们可以看出：每日评估体系的理论基础包括了多元智能理论、建构主义理论和学习动机理论。前两种理论，我们已经在教师课堂教学行为中有所提及，这里再结合此评估体系进行简要的说明。

多元智能理论强调，在教学评价中，教师不能忽视学习者的自知智能。这就是说，学习者会不断地自我改进学习方法，所以教师不能仅凭期末成绩这一个标准来评价学习者的学习水平。形成性评价就充分考虑到学习者的自知智能。每日的评估反馈不仅让教师了解到学习者每一步的学习状态，而且反过来促进学习者学习状态的改变。学习者通过每日的课堂学习与评价反馈实时进行自省，语言水平逐步提高并趋于稳定。教师通过每日评估体系综合得出学习者的学期成绩，是对学习者整个学期学习状态的评估，避免了传统评估方式以偏概全的可能性，其结果十分真实可信。可见，多元智能理论是每日评估体系非常重要的理论基础。

建构主义理论认为，学习者学习的过程是主动建构知识的过程，教师应成为学习者的帮助者与促进者。每日评估体系是对学习者整个知识构建的过程进行实时评估。学习者每天的知识构建情况都会在每日评估体系里得以展现，教师可以由此判断学习者是否需要帮助，学习者可以借此了解自身知识构建的正确与否。一旦某日评价分数过低，学习者和教师就会立刻得知当日的学习情况不理想，二者便会在各自可努力的范围内及时进行调整，以保证学习者第二语言知识体系构建的顺利完成。因此，在这样的评估体系下构建出的知识体系是非常扎实可靠的。

通过对上述两个理论的简要分析，我们可以看出：体演文化教学法的各个基本元素之间存在密不可分的联系，它们的背景理论基础也是合为一体的。下面，本书再着重阐释一下学习动机理论对每日评估体系的作用。

一、何谓"学习动机"

学习动机是指直接推动学习者进行学习的一种内部动力，是激励和指引学习者进行学习的一种内在动因。学习者的学习成果受到多方面因素的影响，诸如学习者的学习兴趣、个人的价值观、学习的需要及外来的鼓励等，但其中最主要的因素还是受学习者学习动机的支配。学习者往往对感兴趣的、符合自身需要的、对自己有重要价值的学科，投入更多的时间和精力，并能从中获得较大的满足感。

有专家认为，知识价值观（对知识价值的认识）、学习兴趣（对学习的直接兴趣）、学习能力感（对自身学习能力的认识）、成就归因（对学习成绩的归因）四个方面，是学生学习动机的主要内容。知识价值观反映了学生对知识价值的评判。学习兴趣是一种求知欲，是学习者受到好奇心这一内驱力的影响，积极主动地参与学习，从而满足内心情绪对知识的渴求体验。学习能力感是学习者对自我学习能力的主观推测，是其自信心的体现，也被称为"自我效能感"。它可以影响学习者学习的持久力，激发和维持学习者的挑战精神和奋斗耐力。成就归因是学习者对学习结果的主观原因分析。人们经常从"内部或外部""稳定或不稳定"这两个维度来寻找成败的原因，一般会从能力因素、努力程度、任务难度和运气好坏四个方面进行分析。成就归因会直接引起学习者情感上的变化，对其今后的学习产生长远的影响。

尤古罗格卢和华尔伯格的研究报告显示：高动机水平的学生，其成就也高；高成就水平也能反映高动机水平。邵瑞珍的研究也发现：高成就、动机强的学习者较之低成就、动机弱的学习者更能坚持学习，且学习更有成效。可见，学习动机确实具有加强学习效果的作用。

不过，学习动机对学习的影响，并不是直接对学习者的学习认知过程发生作用的，而是通过强调学习者的学前准备、集中其注意力和强化学习者的努力等来间接催化学习效果的达成。如果学习动机太弱，便不能激发学习者学习的积极性；如果学习动机太强，也会造成学习者因学习压力过大而影响其学习效率的后果。另外，在不同难度的学习状况下，学习动机的强度对学习产生的影响也有所不同。因此，关注学习动机，对了解学习者的学习成效具有较大的益处。

二、每日评估体系与学习动机

学习者的学习动机是在学校教育和社会环境的影响下逐渐形成的，不同的学校教育和社会环境对学习者的学习有不同的要求，学习者的学习动机也因此而复杂多样。有关学习动机的分类有很多，此处只举两种对教学实践有影响的分类方法。

1. 内部动机与外部动机

内部动机与外部动机是根据学习动机的内外维度来划分的。内部动机来自学习者本身，不需要外界的诱因、惩罚来促使学习者进行学习。例如，有的学生喜爱这门学科，他便在课上认真听讲，课下刻苦钻研。外部动机则是学习者受到外部条件的诱导而对学习结果产生兴趣。例如，有的学生为了获得奖励或取得教师的关注而努力学习。

内部动机和外部动机决定学习者是否会持续进行学习。具有内部动机的学习者积极地参与学习，在教师评估前已对自己的学习表现有所评判，他们喜欢挑战，具有独立解决问题的能力，能通过学习得到内心的满足。具有外部动机的学习者为了达到目标，往往采取容易获得成功的做法，比如选择没有挑战性的学习任务，一旦达到目的，学习动力便会下降；而一旦失败，就容易一蹶不振。

体演文化教学法的每日评估体系旨在通过强化学习者的外部动机，来影响学习者的内部动机。教师每日的分数反馈会刺激学习者对每日的学习加以重视，并以期获得教师的认可。长时间的外部动机影响会带来良性的动机支持，日复一日，这种外部动机就会慢慢转化为学习者的内部动机，即让学习者逐渐爱上语言学习，同时其学习动力也会更加持久。

2. 认知内驱力、自我提高内驱力和附属内驱力

美国认知教育心理学家戴维·奥苏贝尔指出：一般称之为学校情境中的成就动机，至少应由三个方面的内驱力来决定其成分，即认知内驱力、自我提高的内驱力和附属内驱力。他认为，每个学生的成就动机都包含上述三种成分，但三种成分的比重调配则受年龄、性别、种族、社会文化等方面因素的影响。[1]

认知内驱力是指学习者理解和掌握知识的需要，以及想要系统阐述和解决问题的需要。这种内驱力一般是从好奇心中派生出来的。最初，

---

[1] 沈卉卉. 大学生的学习动机及创新意识的培养：奥苏贝尔学习理论的动力机制对教育教学的一点启示 [J]. 经济研究导刊，2010（4）：238.

这种内驱力只是潜在的，没有特定的内容和方向。后来，当学习者在学习过程中不断获得成功时，该内驱力才有了方向，真正表现出来。因此，学习者对某学科内容的认知内驱力，不是天生的，而是通过后天努力学习而获得的。可以说，认知内驱力是所有学习动机中最稳定、最重要的动机。这种动机来自学习本身，关注的是学习内容主体及学习内容的实际获得，因而也可算是一种内部动机。

自我提高内驱力是指学习者为了在学习或工作中精益求精、赢得相应地位而产生的需要。这种需要从幼儿入学开始就已经形成，随着学业提高而日显重要，是成就动机的主要组成部分。自我提高内驱力不同于认知内驱力，它没有直接关注学习内容本身，而是强调赢得地位与自尊，显然是一种外部动机。从反面来说，失败是对自尊的一种威胁，因而也可以刺激学习者在学业和工作上做出加倍而持久的努力。

附属内驱力是指学习者为了获得长辈或领导的赞许和认可，而期望把学习和工作做好的一种需要。此内驱力具有三个条件：一是学习者与长辈或领导有情感上的依附性；二是学习者能从长辈或领导的赞许或认可中，获得派生而出的优待或更好的发展，这些派生效应并非由学习者本身的成就决定，而是从其所获得的赞许和认可中引申而来的；三是乐于享受派生效应的学习者会有意识地使自己尽力符合长辈或领导的标准与期望，并借以获得持久的赞许和认可，由此让派生效应更巩固、更长久。

由此可见，体演文化教学法的每日评估体系多关注的是学习者的自我提高内驱力与附属内驱力。通过不断地评价反馈，学习者随时可以得知自己所获得的知识水平，为了上升到更高的阶段，学习者会时刻处于一种"自我提高"的状态。而偶尔的分数下降，也会刺激学习者努力地学习。同时，评估分数还会直接传达教师对学习者每日表现的明确态度，学习者可由此判断教师对自己的关注度。教师会不自觉地在课堂教学中，更多地向成绩较好的学习者进行提问，这就是一种隐形的派生效应。如果学习者希望能够长期获得这种"眷顾"，自然会更加努力地学习，形成良性循环，向更高、更好的语言水平迈进。

三、每日评估体系中学习动机强化理论的体现

学习动机的强化理论是由联结主义心理学家提出来的,他们用"强化"来解释学习动机的产生。联结主义心理学家认为,学习动机是一种由外部刺激引起的对行为的冲动力量。他们特别重视用"强化"来说明学习动机的激发与作用。

在联结主义心理学家看来,学习者的某种学习行为完全取决于此种学习行为受"强化"影响而与刺激之间建立起的一种稳固的联系。在联结主义理论中,核心概念是刺激与反应的联结,而"强化"则可以使二者的联结获得巩固和增强。按照这种观点,任何学习行为都可以看作为了获得某种报答或补偿。因此,联结主义心理学家认为,在学习过程中,通过各种外部手段的刺激,诸如赞扬、奖赏、竞赛、评分等,都可以激发学习者的学习动机,引发其相应的学习行为。

强化理论包括外部强化和内部强化。外部强化主要是由教师发出的,内部强化则属于自我强化,是学习者为了获得成功的满足感,从而增强了学习动机。无论是外部强化还是内部强化,都有正强化与负强化之分,并与惩罚紧密相连。一般来说,诸如适当的表扬与奖励、获得优异的成绩、取消频繁的考试等,都是正强化与负强化的手段,它们可以起到增强学习动机的作用,而诸如频繁的惩罚、长时间的批评等惩罚手段,则一般起削弱学习动机的作用。当然,我们也不排除这种惩罚有时也可使学习者从失败中重新振作起来。因此,在学习过程中,合理地增强正强化、利用负强化、减少惩罚,将有助于强化学习者的学习动机,改善其学习行为与效果。

体演文化教学法的每日评估体系就正好体现了上述的学习动机强化理论。教师将学生每日的表现得分,定期反馈给学生。分数高的学生会因此受到鼓励,更加努力地学习和准备体演活动,逐渐形成良性循环;分数不高的学生则会因此受到刺激,不断地改进自己的学习方法,以期得到更高的分数。倘若有的学生觉得自己的表现与分数不符,也正好借此机会与教师进行沟通,让教师感受到学生学习的积极性。双方一起努

力，更容易取得良好的教学效果。当然，也不排除有的学生破罐子破摔，直接放弃学习的机会。因此，这样也算是尽早给予了学生双向选择的机会：要学，就认真努力地学；不学，就尽快放弃、转移兴趣。

　　因此，在每日评估体系中，教师一定要尽力做出客观的评价，严格地按照"4分评级制"来进行打分，分数尽量客观、公正和及时。教师们应了解，每日评估体系的创建旨在促进学生能力和技能的发展，因此，教师也可根据学生每日的平均分，来判断自己当日设计的体演训练是否难易适中。中等难度水平的教学设计是对学生有益的，教师偶尔也需要给予学生一些难度较大的练习，这样才能真正激发学生的学习动机，激励学生取得更好的成绩。

第六章

体演文化教学法的完整理论框架

通过前面三章对教师课堂教学行为及每日评估体系的研究,我们发现了体演文化教学法实践操作系统背后所隐含的理论依据。这些理论涉及哲学、心理学、第二语言习得和教学论等领域,展现体演文化教学法多方面、多角度的指导思想,也在一定程度上揭示出该教学法获得成功的原因。同时,在深入分析的过程中,我们认识到这些理论并不是孤立存在的,而是相互关联或相互影响的,共同指导着体演文化教学法的教学实践。这种理论体系的构建,正是从宏观的角度来探讨体演文化教学法取得成功的理论背景。这也是为未来将其引进国内汉语教学做好理论研究基础。

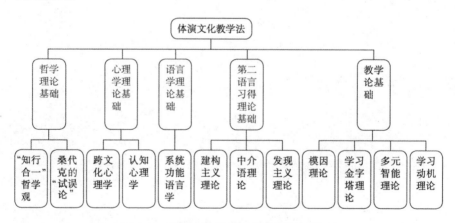

图 6-1 体演文化教学法的完整理论体系

从图 6-1 中我们可以看出,体演文化教学法主要获得五个理论基础的支持,即哲学理论基础、心理学理论基础、语言学理论基础、第二语言习得理论基础和教学论基础。

第一节　哲学理论基础

哲学理论基础主要包括"知行合一"哲学观和桑代克的"试误论"。这是体演文化教学法总体哲学思想的体现,即追求理论与实践的完美结合,同时又认为知识的内化与完善是一个不断试错和证伪的过程。

一、"知行合一"哲学观为根基

我们在研究中发现,体演文化教学法的所有教师课堂教学行为都有其相应的理论指导,每一个课堂教学行为都不是随便臆想而来的,而是严格受到理论思想影响的。这便是该教学法本身所反映出的"知行合一"哲学观。而在实际教学过程中,该教学法无时无刻不在强调理解与应用。要想真正理解一门语言,就必须学习枯燥的理论知识,但仅仅理解了理论知识,不一定能够恰当地运用这些知识。而要恰当地运用一门语言,就必须进行大量的模拟操练,但机械地操练若没有理论的支撑,势必无法建立长时记忆,更不可能真正地掌握一门语言。只有将理论学习与实践操练紧密结合,才能达到语言学习的"知行合一"。体演文化教学法的 ACT 课型(演练课)与 FACT 课型(阐释课),便是实践与理论的完美结合。这就是该教学法在实际教学过程中所体现的"知行合一"哲学观。这种哲学观从根本上统领了体演文化教学法的核心观点,影响了该教学法一系列的实践操作。也正是有了这样高屋建瓴的哲学观的指导,体演文化教学法才会产生良好的教学效果。

二、桑代克的"试误论"为基石

"ACT 课型(演练课)在先、FACT 课型(阐释课)在后"的课程设置,充分反映了桑代克的"试误论"对体演文化教学法的深刻影响。传统的教学法讲究先理解再运用,认为这样的教学顺序可以减少学习者出错的频率。而事实上，学习者记住了相关的语言点，却并不懂得如何合理地运用它们。这些正确的语言知识，并没有带给学习者正确应用的能力。体演文化教学法通过前人经验的总结，发现桑代克的"试误论"对语言教学的指导意义。在学习初期，该教学法就让学习者带着疑问进入体演活动的情境。学习者不懂"为什么要这么说"，也不懂"如何说才是恰当地运用"，他们只好使用猜测与假想，跌跌撞撞地进行体演活动。有时候学习者蒙对了，有时候则蒙错了，但是在一次又一次的"猜测—验证—再猜测—再验证"的体演活动过程中，他们发现了正确的知识点。等到教师在 FACT 课型（阐释课）上进行理论讲解时，学习者加深了对知识点的理解，并实现了知识点的内化。桑代克"试误论"的思想渗透到体演文化教学法的整个教学过程。前面分析的教师课堂纠错行为就是受到桑代克的"试误论"理论指导的一种教师实践。学习者的错误不是"被纠正"的，而是"自我纠正"的，这种"自我纠正"就是"试误"的最好例证。该行为将使这些错误深深铭刻进学习者的记忆，而正确的理论知识也会令学习者印象深刻。

因此，"知行合一"哲学观与桑代克的"试误论"思想是站在哲学的高度来统领体演文化教学法的纲领思想的。这两种哲学理论互为补充，为体演文化教学法的实践操作制定了总体思路。

第二节　心理学理论基础

体演文化教学法的心理学理论基础，主要分为跨文化心理学和认知心理学。

一、跨文化心理学为铺垫

跨文化心理学是体演文化教学法选择以行为文化为主要教学内容的心理学。吴伟克教授强调，学习一门语言，其实就是要获得运用该国文化来理解和表达自我意图的能力。只有在心理上接受了该国文化，才能在学习过程中不抵触该国文化，进而尝试去理解该国文化。体演文化教学法基于这种心理学思想，将教学内容的主体设置为行为文化。学习者在体演活动过程中，慢慢领悟这些行为文化背后的含义与思想，从而理解这门语言，也能够恰当地使用这门语言来与人交流。因此，跨文化心理学作为体演文化教学法的心理学基础，具有以下三点重要的意义：

第一，它可以为语言行为的共同性和差异性提供文化心理背景的解释，增进学习者对第二语言文化体系的理解。

第二，它可以使学习者在语言体演活动中，理解目的语环境下人们的行为，并在行为发生的文化情景中学习语言，在行为文化中感知使用这些语言的背景心理。

第三，它可以帮助学习者自我建构第二语言文化体系，主动将目的语文化与语言行为联系起来，强化学习者对目的语的心理体验。

二、认知心理学贯穿始终

认知心理学是在引导体演文化教学法去关注人类认知的心理机制。整个体演教学过程其实就是在模拟人类的认知心理程序。在从"不知汝不知"到"不知汝知"的心理转变中，学习者完成了语言知识的认知全过程，最终掌握了语言。具体而言，每次的"认知"心理都可以分为以下几个层次：

第一，"不知汝不知"——注意阶段。第二语言的学习者初学时就明白要学的语言与他们的母语不同，但具体有哪些不同，他们并不十分清楚。体演练习中的语言点与背景知识代表两种不同文化的明显差异，在交际过程中需要学习者细微地观察和努力地学习。因此，学习者刚开始学习一门新的语言时，他们还处于"不知汝不知"的懵懂阶段。

第二，"知汝不知"——获得阶段。为了帮助学习者认知体演活动的内涵，教师一般会先把体演活动的内容进行一番演示。教师会描述场景的内容，或者与某位学习者进行示范练习，或者运用放一段电影片段等方式来展示体演活动的内容。学习者很快就能在这种提示的引导下，认识到所学的语言文化与自身的语言文化的不同，学习者就达到了"知汝不知"的这一获得层次。而在不断地体演练习中，学习者也会出现或多或少的错误，这些错误都是在促使学习者明确"知汝不知"的具体内容，以便使学习者可以继续向下一个阶段发展。

第三，"知汝知"——储存阶段。学习者首先按照教师描述的体演活动内容进行模仿。在进行模拟表演时，学习者在特定的时间和地点，在特定的观众面前，用特定的语言来扮演特定的角色。这些课堂体演活动为学习者提供了储存记忆的机会，使他们能够积极参与目的语文化中各种各样的体演活动。体演模仿需要多次反复练习，教学资料是体演活动的辅助材料，最终学习者会形成固定的语言知识和文化记忆。这是他们构建目的语文化世界观、形成个人记忆的关键阶段。

第四，"不知汝知"——加工与使用阶段。记忆体演是"认知"学习过程中的非常重要的一步，但接下来的即兴表演，才是"认知"学习最终的目的所在。在开始即兴表演时，其中一个或者几个体演活动要做些调整，学习者通过教师提供新的体演场景与内容，对已经储存的语言文化记忆进行自我改进，通过已经固化的知识体系来不断揣摩和尝试。这种自我加工和使用的过程属于"不知汝知"的阶段。当学习者最终能够自如地进行适当的体演活动时，"认知"学习的全过程就已经顺利完成。

应该说，跨文化心理学为体演文化教学法的教学内容提供了心理学依据，而认知心理学为体演文化教学法的教学程序提供了心理学依据。这两个方面的心理学依据为体演文化教学法实现成功教学奠定了坚实的基础。

第三节　语言学理论基础

目前，体演文化教学法的语言学理论基础是系统功能语言学。体演文化教学法希望让学习者获得运用语言进行交流的能力，这从本质上来讲，就是在强调语言的功能性。语言若不能被运用，就不算是一个活的语言；而要能被恰当地运用，需要学习者不仅关注语言的语义与功能，而且理解语境的隐含意义。体演文化教学法让学习者不断地进行体演操练，就是为了给学习提供更多、更真实的语境，让学习者切身体会语言的语义与功能。

系统功能语言学强调要把语言的社会性放到一个至关重要的位置上去加以研究，语言学应该既研究"语言"，又研究"言语"，要特别关注语言使用的动态过程和影响语言使用的社会文化因素，把语言意义的产生、传达和理解与语言使用的环境紧密联系在一起来进行研究。这对体演文化教学法的理论指导意义是社会属性是语言的本质属性，忽视这一本质属性的语言教学是没有意义和价值的。语言是形式和功能的统一，语言的社会属性借助语言的功能得以体现。这无疑表达了体演文化教学法的中心思想。而把语言仅仅作为知识来教，只看到语言形式的一面，这样的教学不可避免地会陷入视语言为静态系统的泥潭。语言教学必须既关注形式，又关注功能，并把对语言形式和功能的把握，转化为具体实际的语言运用能力。这才是语言教学的最终目的。

另外，系统功能语言学的研究表明：人们通过语言建立和维系社会关系，语言的使用不可避免地反映出使用者的社会角色、文化背景及当时当地的语言环境。这就是说，对语义的理解不能脱离使用语言的人和语境。因此，体演文化教学法中所有的教学内容，都应以真实材料为主，语言知识点的展示都是基于情境来体现的。教师旨在培养学习者动态的语言意识，希望能让学习者体验并掌握语言的动态使用方法。同时，通过课堂教学中多方位的互动交流，教师将语言的语义、功能和语境在教学实践中完美结合起来，让学习者感受到语言的社会功能。这使得学习者不仅学习了规范的"语言"，也学习了灵活的"言语"，还加快了第二语言体系社会化的进程。这样的语言教学不再枯燥无聊，充分激发了学习者的积极性，自然会使教学获得成功。

当然，使用系统功能语言学作为体演文化教学法的语言学理论基础，谈不上独特与创新。因为早在体演文化教学法之前，就已经有不少教学法采用了这种语言学理论，诸如交际法、任务型教学法等。从这个角度来看，体演文化教学法通过吸取前人的理论经验，促进自身体系的成长，也算是在发展和进步的。

第四节　第二语言习得理论基础

体演文化教学法的第二语言习得理论基础，主要分为建构主义理论、中介语理论和发现主义理论。

一、建构主义理论做支架

体演文化教学法强调以学习者为教学中心，关注学习者第二语言世界观的自我构建。这种建构主义理论思想几乎充斥在体演文化教学法实践教学的方方面面。总体而言，建构主义理论主要在以下几个方面对体演文化教学法起到了提纲挈领的作用：

第一，教学"以学习者为中心"。明确"以学习者为中心"对于教学设计有至关重要的指导意义。体演文化教学法在学习过程中，充分发挥了学习者的主动性，体现了学习者的创造性；同时，让学习者有机会在不同的情境下去应用他们所学的知识，这是将知识"外化"的过程；最后，让学习者根据自身行动的反馈信息，来形成对客观事物的认识和解决实际问题的方案，实现了自我反馈与自我纠正。这都表明了体演文化教学法"以学习者为中心"的核心思想。

第二，体演情境的创设对学习者自我建构第二语言系统有重要作用。建构主义认为，学习总是与一定的社会文化背景——情境相联系的。在实际情境下学习，可以使学习者利用自己原有认知结构中的有关经验，去同化当前学习到的新知识，从而赋予新知识的自我认知意义。如果原有经验不能同化新知识，则要引起"顺应"过程，即对原有认知结构进行重组和改造。体演文化教学法在教学中的情境创设环节，就是在主动为学习者提供"同化""顺应"的基础。这些模拟实际场景的情境建构生动而丰富，让学习者能够尽可能自然地对新知识进行建构。

第三，重视"协作学习"。建构主义认为，学习者与周围环境的交互作用，对学习者知识意义的建构起关键性的作用。这是建构主义的核心概念之一。在体演文化教学法中，学习者必须合作进行体演活动，一同感受角色和脚本内容带来的知识信息，同时学习者还会在教师的组织和引导下，一同参与交流和讨论，以强化语言知识的输入。在体演活动和讨论交流的过程中，学习者在自身内部经历了"构建—协商—再构建"的认知过程。通过这样的协作学习环境，每个学习者的思维与智慧都是与整个学习群体共享与进步的。这样的语言体系建构扎实而稳固，有利于学习者将来流利交流。

第四，利用各种信息资源来支持"学"。为了支持学习者的主动探索和完成意义建构，教师为学习者提供多种多样的信息资源，诸如标注拼音与图画的繁简双体教材，可供学习者反复聆听和练习的 DVD 视频资料、与教学内容紧密结合的影视作品，以及实时提供反馈信息的评估体系……在这里，教学资源起到了支撑学习者自我学习和建构语言知识系统的辅助作用。学习者可以在课堂教学之后，独立进行学习。如果学习者遇到问题，亦可将这些问题带到 FACT 课型（阐释课）上去询问教师，以获得帮助。这样的教学设计，完全是站在学习者的角度来进行考虑的，也真正将教学中心转为了"学"。

二、中介语理论为指导

由于学习者的语言系统是一个不断变化发展的中介语系统，因此，在教学过程中，教师的课堂教学行为融合"输入假说""输出假说""互动假说"等多种中介语理论。

体演文化教学法通过教材及视听材料让学习者在课下先完成自我输入，然后再在 FACT 课型（阐释课）上让教师通过讲义与辅助讲解进行"i+1"的输入。这种输入方式节省了大量的课堂教学时间，加快了教学进程，提高了该教学法的教学效率。但这种短时的输入方式，虽然理论性很强，但对学习者的中介语系统只起到强化或固化的作用，真正引起学习者中介语系统改变的理论，则是"输出假说""互动假说"。

整个 ACT 课型（演练课）都是在进行"输出教学"。学习者通过体演练习，不断地把自身输入的语言知识转为可输出的材料。在最初的输出阶段，学习者的输出有效性不高，也就意味着中介语系统与目的语系统之间存在较大差异。但随着体演练习的增多，学习者会逐渐提高输出效率，最终达到流畅输出的程度，这便是一种量变引起质变的过程。中介语系统会在这一过程中迅速向目的语系统靠拢，大幅度提升输出有效性。

而"互动假说"则是另一种辅助教学的习得理论。学习者在自我输出的过程中，难免会遇到困难和问题。这时光靠一个人的力量很难在短时间内解决困境，而"互动假说"便是体演文化教学法采取的较好的解决办法。通过师生互动、生生互动等互动方式，学习者高效地解开了自身的难题，并在不断地互相帮助中，向目的语系统靠近。这样有效、快捷的教学方法，便是体演文化教学法在多种中介语理论指导下形成的。

三、发现主义理论是核心

在实践教学中，体演文化教学法倡导使用发现主义理论指导思想，尽量让学习者自我理解、自我感悟、自我发现、自我学习。体演文化教学法强调语言学习过程，认为有效的语言学习是必须让学习者积极参与的，而不是被动接受的，所以该教学法没有直接向学习者输入语言知识点，而是通过设计一系列的操练实践，让学习者发现和内化知识。教师在课堂教学中主要起启发和帮助学习者学习的作用，而不仅仅是关注语言细节的传授。因此，在体演文化教学法中，几乎所有知识的获得都是依靠学习者用自己的力量去领悟和内化的。

教师在 ACT 课型（演练课）上提供大量的体演情境，让学习者在进行体演练习的过程中，感悟语言知识、掌握和内化知识点。但前提是只有学习者自己先在课下理解教材与视听材料的语言点，学习者才能在课堂教学中顺利地完成体演练习。这样的自我预习行为，便是发现主义理论指导的一种表现。如果通过预习以后，学习者在课堂上的体演展示并未成功，那么教师也不会直接教授或纠正学习者的体演行为，而是主要靠学习者自我感悟，去发现问题、提出问题、纠正问题。这都是发现主义理论指导思想在课堂实践中的进一步延续。

在 FACT 课型（阐释课）上，教师也不会纯粹地直接输入知识，而是引导学习者强化已经操练过的知识点，或者帮助学习者学习仍无法理解的语言点。在这样的教学过程中，学习者仍然是学习的主体，无时无刻不在发现学习。

因此，体演文化教学法中的所有教学过程都是以学习者的积极参与和发现为前提的。学习者通过发现学习，获取深刻的文化记忆，这可以有助于其第二语言体系的自我构建与内化。

第五节　教学论基础

教学论基础涵盖的理论较多，主要包括模因理论、学习金字塔理论、多元智能理论和学习动机理论。这四种理论分别是体演文化教学法"体演""评估"两大核心实践操作行为的指导基础。

一、"体演"的理论基础

模因理论和学习金字塔理论是"体演"形式的理论基础。在"体演"活动初期，教师的示范与相关教材内容的提示，是学习者模仿学习语言知识点的基础模因。在课堂上的不断操练和场景变化的过程中，学习者一次又一次地将语言模因植入自己的学习记忆。随后，学习者对这些记忆中的模因进行强化或转换，以便使之成为越来越多的可用语言。最后，学习者再通过反复多样的"体演"练习，将这些模因语言知识点内化为自身的语言知识，达到固化的效果。

同时，"体演"又是一种高参与度的学习方式。学习者不是通过传统的教师讲授或机械的输入练习来学习知识的，而是全身心地参与到语言学习的过程中，通过"体演"活动来记住学习的内容与场景，并在复杂多样的体演练习中积累丰富的经验，以便日后在类似场景中能迅速调出记忆，说出正确的语言。这种"亲身体验、动手完成"的学习方式，自然能让学习者记住越来越多的语言知识。

因此，模因理论与学习金字塔理论便是"体演"这种有效教学方式有力的理论依据。

二、"评估"的理论基础

多元智能理论与学习动机理论是体演文化教学法每日评估体系的理论基础。教师每日对学习者的课堂表现进行评估，以此来作为评判学习者最终语言能力的主要标准；同时，教师随时将评估结果反馈给学习者，以此来鞭策和激励学习者进一步改进自我学习方式和提高自身语言水平。这样的"形成性评价"充分关注了学习者的学习发展能力和多方智能因素，避免了仅靠期末考试成绩来对学习者的语言学习进行总结性评价的弊端。这样的评价结果更加理性与科学，也更能体现学习者的语言学习水平。这种评估方式便是受到了多元智能理论思想的指导。

另外，教师定期将学习者的评估分数反馈给学习者，在教学进程中起到了不断刺激和强化学习者学习动机的作用。为了取得更好的分数和获得教师更多的关注，学习者会产生努力学习的外部动机。长期的外部动机会形成有一定强度的良性督促循环，这种循环会慢慢转化为学习者的内部学习动机，促使学习者的学习动力更加持久。另外，根据学习动机强化理论，成绩优秀的学习者会在日复一日的评价反馈中变得更加优秀，成绩不好的学习者会在日积月累的评价反馈中遭到淘汰，而成绩中等的学习者大部分会变得更加积极，成绩也会逐步提高。因此，整个班级的学习水平会得到整体提高，学习者在这样的学习环境下，学习状态也会越来越好。

有了多元智能理论和学习动机理论的指导，体演文化教学法的评估体系自然实用、有效。

仅通过上述研究，我们可以看到体演文化教学法作为一种新兴的教学法，尽管其理论体系尚在不断发展完善，但是其总体思路是比较科学和可行的，同时该教学法的教师实践行为是与其理论基础紧密结合的，课程设置与教学评估也是切实有效且符合规律的。当然，体演文化教学法理论体系仅仅是笔者从教师课堂教学行为和每日评估体系的角度来进行分析的，如果从学习者的学习行为、教材编撰等方面分析，还可以挖掘出其他更多的指导理论。基于本书主要的研究内容，那些理论在这里就不加探讨了。

第七章

体演文化教学法的实证研究

波普尔认为,理论是用以捕捉我们称为"世界"的网,我们用这些网来把"世界"合理化,并解释和掌握它,所以我们要尽力把这些网编织得越来越精细。他还认为,理论有五个基本的作用:作为研究的框架;为具体的知识项目提供组织架构;揭示出看似简单的事件的复杂性;对过去的经验进行重组;作为复杂事件的工作模型。正因为理论具有这些特性,所以本节将根据体演文化教学法的理论体系展开一系列实证研究。

第一节 教师课堂"支架"构建对短期语言习得的效用研究

20世纪80年代末期,心理学家维果茨基提出了"最近发展区"的概念。他认为,学习者的现有实际水平与其潜在的发展水平是存在差距的,这个差距就是"最近发展区"。学习者可以依靠"他人调节"来跨越"最近发展区",然后达到独立完成任务的"自我调节"阶段。于是,"他人调节"在学习者语言习得和认知过程中的重要作用引起了专家、学者的关注。

毫无疑问,教师是可以为学习者提供"他人调节"帮助的重要人选。随着建构主义理论的影响不断深入,教师在课堂教学中为学习者构建"支架"成为第二语言教学中一种较为常见的"他人调节"方法。"支架"是教育学家从建筑行业借用的一个术语,是指在教育活动中专家、同伴,或他人为辅助学习者完成其无法独立完成任务时所提供的有效支持。"支架"在课堂教学中多以话语的形式出现,前人根据其不同的功能与特征划分出了多种"支架"类别。近年来,随着第二语言习得微观研究的开展,以下7种"支架"分类被较多的学者采纳以用于实证研究:

第一,引起兴趣(Recruitment):激发学习者对学习任务的兴趣。

第二,简化任务(Simplifying the task):降低学习任务的难度。

第三,维持既定目标(Direction Maintenance):保持学习者的学习动力,以便其继续完成任务。

第四,标注关键特征(Marking Critical Features):指出学习者已完成部分与理想解决方案之间的差距。

第五,控制挫折感(Frustration Control):减轻学习者完成任务过程中的压力。

第六,示范(Demonstration):向学习者展示理想的解决方案。

第七,反馈(Feedback):对学习者完成任务的过程或结果给予评价。

根据阿泽维多等学者对"支架"的进一步分类,上述第一、第三、第五种分类属于"情感支架"类别,主要为学习者提供习得过程中的情感因素支持;第二、第四、第六种分类属于"认知支架"类别,旨在直接辅助学习者向更高的潜在认知水平迈进;第七种分类则兼具"情感支架"和"认知支架"的功能。

由于"支架"理论在第二语言课堂教学中具有广泛的应用价值,因此,很快引起了国内外语言学界的关注。不少研究者通过调查分析,证实了教师构建"支架"在帮助学习者完成语言任务时的积极作用。但是,这7种"支架"对学习者语言习得水平的提高是否发挥了不同的作用,这个疑问仍是第二语言教学界值得研究的课题。

本节将借鉴相关领域的研究方法,以2014年美国国务院关键语言奖学金项目(Critical Language Scholarship Program,CLS项目)苏州学院的听说课作为研究对象,通过问卷调查和数据分析的形式,探讨教师运用体演文化教学法在课堂上构建的7种"支架"与学习者语言习得成效之间的关系。这项研究对我们更加科学客观地评价体演文化教学法构建"支架"的作用,提高促进学习者到达"自我调节"阶段的有效性,具有参考价值。

一、研究内容

1. 研究对象

本研究的对象为54名来华学习汉语的美国大学生和6名教授汉语听说课的教师。参与调查的学生来自美国不同的大学,均在美国拥有1～2年学习汉语的经历。这些学生被选入美国CLS项目以后,根据其在美国的口语能力面试(Oral Proficiency Interview,OPI)成绩,以及每班不超过10人的分班原则,划分成初、中、高三个等级,每个等级2个班。6名教师均有汉语作为第二语言教学专业的硕士或博士学位,具有3年以上在高校从事汉语教学的经验,在课堂教学中均采用体演文化教学法。

2. 研究数据

本研究的数据来源有以下3项:

第一,教师在课堂教学中运用体演文化教学法构建的"支架"类型及各项"支架"的使用比例。我们分别收集了6个班某一教学单元(4节听说课)的教师课堂教学录音,共约28小时。我们对这些录音数据进行了编写和数据分析。首先,我们找出含有"支架"功能的语段,即学习者在教师的语言"支架"帮助下完成学习任务的对话。然后,依据前人研究发现的7种"支架"类别和特征,对这些话语进行解码分析。最后,量化这些"支架"类别在教师课堂教学中出现的比例。

第二,"支架"效用评价问卷。我们设计了针对7种"支架"类型效用的评价问卷,采用李克特量表请学习者评定。在实测之前,我们对与受试者同质的部分来华美国大学生进行了预测和访谈,并根据结果对问卷进行了修订。为了保证所有受试者理解问卷,除了有关"支架"类型的举例是使用课堂教学中出现过的汉语以外,其他内容均翻译成英语,并请英语母语者校读,保证语义表达正确。问卷以纸质方式发放并现场回收,问卷答题时间限定为 10 分钟。(详见附录 1)

第三,学习者教学单元的测试成绩。我们收集了 6 个班所有学习者在此教学单元授课结束后的听说测验成绩。

二、研究分析

1. 教师课堂教学"支架"使用比例分析

我们先量化分析了 6 个班的教师课堂教学"支架"使用比例。(表 7-1)

表 7-1 教师课堂教学"支架"使用比例　　　百分比/%

班级	引起兴趣	简化任务	维持既定目标	标注关键特征	控制挫折感	示范	反馈
初级 1 班	4.4	2.6	12.4	14.7	0	36.4	29.5
初级 2 班	5.8	5.6	11.5	17.9	0.4	32.7	26.1
中级 1 班	7.7	5.8	13.4	18.2	0.3	31.8	22.8
中级 2 班	8.2	3.5	10.6	15.6	0.4	36.3	25.4
高级 1 班	10.6	8.7	23.6	14.1	1.5	26.3	15.2
高级 2 班	9.7	10.6	20.8	15.2	1.6	23.2	18.9

从以上数据可以看出,教师课堂教学"支架"使用比例表现出以下规律:

第一,"示范"支架是课堂教学中教师常用的支架类型。"示范"支架的使用比例远远高过其他支架类型的使用比例。可见,在有限的课堂教学时间内,大部分教师愿意采取直接的支架策略,力求帮助学习者更快进入最近发展区。另外,随着学习者汉语水平的逐步提高,教师在课堂教学中所采取的"示范"支架比例也呈递减趋势,尤其是到了高级班,"示范"支架的使用比例相较初级班、中级班下降了一成。这说明随着学习者汉语水平的提高,教师会使用其他一些不如"示范"显性的支架手段,以促使学习者更加主动地去习得和认知,"自我调节"进入最近发展区。

第二,"反馈"支架是初级班、中级班教师常用的第二种支架类型。研究数据显示,教授初级班的教师使用"反馈"支架的比例近三成,与使用"示范"支架的比例相差不远。教授中级班的教师使用"反馈"支架的比例也不低,占教师课堂教学"支架"使用比例的1/4。而教授高级班的教师使用"反馈"支架的比例则大幅度降低,成为教师常用的第三种支架策略。这说明多数教师认为"反馈"支架在学习者的学习前期更能起到"他人调节"的作用。

第三,"维持既定目标"支架是高级班教师常用的第二种支架类型。该数据显示,在教授高级班时,教师采用"维持既定目标"的支架策略的比例与"示范"支架策略的比例几近相同,占教师课堂教学"支架"使用比例的1/4。而在初级班、中级班授课中,教师采用此种支架策略的比例仅占一成左右。这一现象表明,教师认为在学习者水平有限的习得初期,"维持既定目标"支架不易达到明显的习得推动效果;而在学习者能力提高的后期,教师则会加大此种支架的使用频率,来引导学习者自发习得。

第四,"标注关键特征"支架在初级班、中级班、高级班教师课堂教学中使用的比例较为接近,均占教师课堂教学"支架"使用比例的15%左右。这一数据说明,教师大多认可这一支架类型的效用,但由于此支架策略介于起直接引导作用的"示范"支架和起间接推动作用的"维持既定目标"支架之间,效用力度不够典型,因此,教师的使用比例并不高。

第五,"控制挫折感"支架是教师使用最少的支架策略。在初级班的课堂教学中,教师几乎没有使用这种支架;到了高级班里,教师也用得非常少。因此,多数教师容易忽视此种"情感支架"的辅助效用。

2."支架"效用评价问卷分析

我们将学习者对教师采用的7种"支架"效用评价进行了分类计算。从表7-2中的数据可以看出:

第一,在初级班、中级班、高级班三个班的学习者心中,"示范""标注关键特征"支架是学习者普遍认为效用最高的两种"支架"类型。

表 7-2 "支架"效用评价数据表　　　　　　单位：分

班级	效用评价						
	引起兴趣	简化任务	维持既定目标	标注关键特征	控制挫折感	示范	反馈
初级1班	4.44	4	3.56	4.44	3.33	4.56	4.11
初级2班	3.95	4.13	3.21	4.39	3.82	4.76	4.35
中级1班	3.67	3.67	3.78	4.45	3	4.56	3.44
中级2班	3.52	3.83	3.74	4.51	3.12	4.58	4.27
高级1班	3.67	4.11	3.78	4.42	2.78	5	4.22
高级2班	3.56	4.02	3.67	4.39	3.61	4.51	4.11

其中，学习者对"示范"支架的认可分值均在4.5分以上，在高级班的学习者心中竟然达到最高认可分值5分。"标注关键特征"支架在学习者心中的认可程度也很高，平均在4.43分左右。因此，学习者对教师明确地展示知识点的"他人调节"行为较为认可，主观上很乐意接受这样的教学帮助。

第二，"控制挫折感"支架的学习者认可程度是所有支架中最低的。有意思的是，学习者对"控制挫折感"支架的认可分值根据其自身语言水平由低到高形成了相反的递减趋势。这说明学习者语言习得水平越高，自我调节学习情绪的能力就越高，而对教师"控制挫折感"支架的依赖程度则会越低。

第三，"引起兴趣"支架在初级班学习者心中的认可分值较高，与"标注关键特征"支架的认可分值接近。结合上一条对"控制挫折感"支架效用的分析结果，我们可以发现：在学习初期，学习者对具有推动作用的"情感支架"有较强的依赖性。教师在这一阶段的教学活动中若采用"情感支架"，会更容易推动学习者的语言习得进程。

第四，"反馈"支架在高级班学习者心中的认可分值位居第三，分别为4.22分和4.11分。"反馈"支架作为兼具情感和认知两种功能的支架类型，在学习者学习后期中发挥的作用日趋明显。此数据说明，学习者在学习过程中希望不断地获得教师明确的反馈，以便了解自身习得能力的提升程度，从而自我推动以跨过最近发展区。

为了考察教师课堂"支架"使用比例与学习者对"支架"效用评价之间的关系，我们用SPSS19.0专业数据统计软件对上述2个表格的数据进行了相关分析。分析结果显示：$r = 0.578$，$P = 0.006 < 0.01$。这意味着教师课堂使用"支架"的比例与学习者对"支架"效用的认可程度密切相关，二者的相关性分析极其重要。通过深层分析我们可以发现：

第一，教师课堂"支架"的使用比例会在很大程度上影响学习者对此类"支架"效用的认可程度。例如，"示范"这一支架是教师在课堂教学中使用最多的支架类型，相应地，学习者对"示范"支架效用的认可程度也最高。"标注关键特征"支架在初级班、中级班、高级班里使用的比例较为接近，因此，三种班级的学习者对这一"支架"效用的认可程度也十分接近。

第二，部分"支架"类型在初级班、中级班、高级班的使用比例呈递增趋势，而初级班、中级班、高级班学习者对这些"支架"效用的认可程度基本持平或呈递减趋势。例如，在初级班、中级班、高级班教师使用"引起兴趣"支架的比例呈递增趋势，而初级班、中级班、高级班学习者对此"支架"效用的认可程度呈递减趋势。呈现类似特征的"支架"类型还有"控制挫折感"支架，高级班教师使用此支架的比例是初级班教师使用此支架比例的2倍多，而高级班学习者对此"支架"效用的认可程度低于初级班学习者对此"支架"效用的认可程度。这一现象引发了我们的思考：虽然"支架"的教学使用比例的确会影响学习者对"支架"效用的认可程度，但为什么有些"支架"教师使用得越多，学习者愈不认可呢？这种不认可的心理是否会影响学习者语言习得水平的提高呢？

3. 学习者语言习得成效与教师"支架"使用比例及"支架"效用评价的关系分析

为了解答上面的疑问，进一步了解学习者语言习得成效与课堂教学"支架"之间的关系，我们将学习者学完此单元后的测验成绩，与教师"支架"使用比例表和学习者的"支架"效用评价表进行了回归分析。我们以7种"支架"的教师使用比例和学习者对7种"支架"效用的评价分值为自变量，以学习者的单元测试成绩为因变量，用SPSS19.0专业数据统计软件进行了逐步回归分析。分析结果显示:"引起兴趣"支架的教师使用比例、"维持既定目标"支架的学习者认可程度、"控制挫折感"支架的学习者认可程度3个因素应列入方程。$r^2 = 0.996$,回归方程显示:$F(14, 12) = 272.653$,$P = 0.039 < 0.05$。这一结果表示,上述3个因素对学习者语言习得成效起着关键作用。其中,"引起兴趣"支架的教师使用比例、"维持既定目标"支架的学习者认可程度与学习者语言习得成效呈正相关关系,"控制挫折感"支架的学习者认可程度与学习者语言习得成效呈反相关关系。

为什么这3个变量会成为决定学习者语言习得成效的直接因素呢?我们对这3个因素的内涵做进一步的深层分析可以发现:这3个因素的共同点是3种支架类型均属"情感支架"类型,不管是其教学使用比例还是其学习者认可程度都体现了对学习者自身习得能力的重视。"情感支架"比"认知支架"更强调发挥促使学习者自我领悟和理解的作用,期望通过搭建"支架"强化学习者认知习得能力。学习者学习水平越高,越容易对学习产生兴趣,形成良性的习得循环。同理,学习者学习水平越高,自我情感调节能力越强,则越不容易受到习得受挫的影响。这种结论印证了无数语言学家在语言学习中提倡的"敢于说、别怕错"的精神。虽然,学习者主观上很希望获得教师显性"支架"搭建的辅助,但客观调研显示:没有通过学习者自我认知和内化,即便教师搭建起学习"支架",学习者也不容易获得"自我调节"的能力。这与辛克的研究看法是一致的,即当教师搭建的"支架"越靠近"他人调节"尺度的显性标准,学习者就越容易失去学习的独立性。因此,教师过多地在课堂上直接展示知识点,或者直接反馈并给予正确答案,学习者则容易对"他人调节"产生依赖性,由此会阻碍学习者过渡到"自我调节"阶段。只有教师不断地鼓励和引导,学习者才会克服学习惰性,发展独立学习的能力,最终达到更高的语言习得水平。

三、结论与建议

本研究通过问卷调查与数据分析,探讨了教师在课堂教学中运用体演文化教学法搭建"支架"的情况，学习者对"支架"效用的认可程度及二者与学习者语言习得成效之间的内在关系。研究结果发现：教师的教学"支架"使用比例会较大程度地影响学习者对"支架"效用的评价；真正对学习者短期习得效果产生作用的是教师在课堂教学中搭建的"情感支架"类型（诸如"引起兴趣"支架、"控制挫折感"支架等）。根据这些研究结果，我们认为在短期语言课堂教学中教师应关注以下问题：

第一，教师应在教学中多起"调节"而非"给予"作用，引导学习者依靠自身习得能力建立语言认知。目前，多数教师在授课中都容易采取搭建显性"支架"（比如"示范"）的方式来帮助学习者习得。采用这种显性"支架"的原因，一是由于授课时长和教学内容的限制，二是为了方便师生在有限的时空中进行沟通。但我们的研究结果表明，这样的显性"支架"虽然会获得学习者的认可，但会导致学习者倾向于被动地接受知识，影响其自我纠正的内化能力。因此，教师需要花费更多的精力设计教学中的非显性"支架"。例如，教师尝试把部分"示范"支架改为"简化任务"支架，把直接给予答案的"反馈"支架改为"标注关键特征"支架等。这种教学思路与克拉申"输入假说"中的"i＋1"理论不谋而合。学习者只有不断地接触略高于其现有水平的语言材料，才能强化其对目的语学习的自我调节，从而突破最近发展区，达到更高层次的语言水平。

第二，教师应充分重视"情感支架"在短期语言课堂教学中的作用与效果。第二语言教学是与教育学、心理学密不可分的学科。教师在课堂教学中切不可忽视学习者语言习得过程中的情感因素。在教学初期，教师可多采取活泼生动的导入方式，以期引起学习者对学习内容的兴趣；当学习者尚不能进行自我调节时，应适当给予情感安慰，诸如询问：是否存在生理原因的影响？是否是由紧张所造成的失误？类似的"支架"举措可避免挫折感给学习者带来的认知阻力。在教学后期，所授内容难度加大，教师不要轻易减少"引起兴趣"支架的使用，在授课时间允许的情况下，还可加大"引起兴趣"支架的比例，比如教师可由"旅游"话题引出有关"出行方式""住宿预订""导游解说"等相关内容。同时，学习者随着习得能力的增加会更能正确看待认知失误。因此，教师在教学后期亦可减少"控制挫折感"支架的使用比例。"情感支架"会对"认知支架"起到至关重要的补充和推动作用，克拉申在"情感过滤假说"中早已指出学习者情感因素对语言习得的重要影响。教师应尽力降低学习者的习得焦虑感，良好的学习心态会让学习者更容易接受知识的输入。

第三，教师设计"支架"应多从学习者的角度入手，而非从语言点的角度进行考虑。课堂教学中每一次"支架"的搭建，都可以由不同的语言形式来展现。如何让教学"支架"行之有效并获得学习者的接受与认可，需要教师在备课时动用大量脑力进行设计。我们在研究中看到，高级班教师采用"引起兴趣"支架的比例远高于初级班教师，但两个班级学习者对此"支架"效用的认可程度与教师使用比例恰好相反。这说明，量的提高不一定能引起质的改变。教师如何设计出生动有效的"支架"是十分值得研究和讨论的课题。从日常生活、新闻娱乐、文化活动等方面入手设计"支架"，是一种显而易见的好方法，而注重语言内容与学习者的相关度也许更能引发学习者的学习热情。例如，初级班教师曾采用"你去过苏州的哪些景点"来作为"引起兴趣"支架，而高级班教师则采用"你觉得苏州的园林怎么样"来作为"引起兴趣"支架。相比而言，前者更注意"支架"与学习者个人经历的联结，后者更注意"支架"与学习内容的结合。从实际教学效果来看，虽然二者均引发学习者较高的学习参与性，但在学习者认可程度方面，前者的语言形式受到更多学习者的认可。因此，教师可尝试多从与学习者相关的内容切入，设计更易引发其共鸣的语言"支架"。

本节通过对美国国务院 CLS 项目苏州学院的听说课的调查，探讨了教师运用体演文化教学法在课堂教学中构建"支架"的情况及其对短期学习者语言习得成效的影响。我们发现教师常用的"支架"构建策略与最终促使学习者水平提高的"支架"类型有所不同。如何协调"认知支架"和"情感支架"的使用比例，什么样的"支架"构建方式更具推动性，这些都是我们今后可以继续深入研究的问题。本节的研究结果显示：成人的第二语言习得不可忽略情感因素，教师不可因为学习者主观认可而加大显性"支架"的使用比例。教师若能多从心理学角度深入分析学习者的习得现状，会对学习者达到"自我调节"的语言水平更具推动意义。

第二节 每日评估体系在国内汉语教学中的实证研究

形成性评价于 20 世纪 60 年代末期出现。布莱克与威廉指出，形成性评价是教师与学生从事的一切旨在获得信息并利用信息以改进教学的活动。这些活动包括了学习者日常学习过程中所反映出的情感、态度、策略及所取得的成绩等各个方面，最终得出的评价是在对学习者学习的全过程进行了持续观察、记录和反思以后才做出的发展性评价。随着课堂教学理论的不断发展，形成性评价已经受到越来越多教育工作者的重视。

赵金铭在回顾了近年来汉语作为第二语言教学所采用的各种方法以后，认为世界语言教学法未来的发展趋势是在方法上逐渐走向综合。那么，语言教学评价也需随之做出相应的调整，应尝试避免将期中、期末考试与 HSK 作为唯一的教学目的和测量学生学习水平的唯一工具，应更加重视学生在学习过程中各个阶段的学习表现，而不只是单一地依靠最后的考试成绩来进行评估。美国俄亥俄州立大学东亚语言文学系所采用的体演文化教学法便充分考虑到语言教学的演进性，将形成性评价纳入整个教学体系中，创造出一种行之有效的评价体系——每日评估体系。笔者认为，该系统是一个激发学习者学习动机的必备要素，考虑到学习者的自我评价、多元评价等多个层面的相互影响，可以对教学起到及时反馈与促进的作用，也可以对学习者自我语言认知体系的构建起到良好的监督与匡正的作用。

一、研究目的与对象

1. 研究目的

为了检验体演文化教学法的每日评估体系能否在其他汉语教学环境中也起到增强教学效果的作用,我们将某高校汉语言专业留学生本科三年级的经贸汉语课程作为研究对象,对上这门课程的两个班级进行了教学实验,研究时间跨度为一学期,意图通过对比两个班级学期末的期末成绩与 HSK 通过率来检验每日评估体系对增强教学效果的作用。

2. 研究对象

我们将"2013级本科三年级"的班级设为对照班,共有 6 名不同国籍的留学生,分别来自韩国、保加利亚和塔吉克斯坦,年龄均在 20～25 岁,均在此高校文学院学习了 3 年的汉语课程,通过了汉语言专业本科二年级的全部考试,并已达到 HSK4 级的汉语水平。

我们将"2014级本科三年级"的班级设为实验班,共有 4 名不同国籍的留学生,分别来自韩国、日本和老挝,年龄也在 20～25 岁,也均在此高校文学院学习了 3 年的汉语课程,通过了汉语言专业本科二年级的全部考试,并已达到 HSK4 级的汉语水平。

两个班级的授课老师均为同一位教师,该教师具有语言学及应用语言学专业的博士学位,并拥有 10 年的对外汉语教学经验。两个班级的授课教材与课程内容完全相同。

二、研究方法

本次实证研究主要运用了以下四种研究方法:

1. 问卷调查

问卷调查的形式主要分为两种:教师问卷调查和学生问卷调查。教师问卷调查(表 7-3)主要调查教师对评价体系的理解、教学安排、教学方法、教学态度等相关问题(详见附录 2)。学生问卷调查(表 7-4)主要调查学生对教学安排的理解、对教学质量的评价等相关问题（详见附录3）。

表 7-3　教师问卷调查

问卷结构	问卷序号	具体内容	答案选项
第一部分 教学安排	1-5	教学理念和教学内容	没有做到；做得不够好；一般；做得比较好；做得非常好
第二部分 教学方法	6-9	听说读写训练	
	10-13	评估方法	
第三部分 教学态度	14-16	课堂控制	
	17-20	师生交流	
第四部分 对评价体系的理解	21-24	对不同评价体系的认识及实施情况	

表 7-4　学生问卷调查

问卷结构	问卷序号	具体内容	答案选项
第一部分 汉语能力	1-4	听说读写技能整体提高	很低；低；中等；高；很高
	5-8	听说读写技能单项提高	
第二部分 教学评估	9-12	教学内容	完全不同意；不同意；不确定；同意；完全同意
	13-17	教学方法	
	18-22	课堂控制	
	23-25	师生交流	
	26-29	评估方法	
第三部分 对教学安排的理解	30-31	对教学设计的认识	
	32-33	对不同评价体系的认识	

2. 教师访谈

教师访谈主要采用面对面问答的方式进行，共3次，分别在学期初、学期中与学期末，每次平均时长为20分钟，主要用于了解授课教师在评估系统方面的授课理念、课堂教学管理概况、学生的课堂学习态度及两个班级的教学情况综合对比等。

3. 课堂观察

课堂观察主要采用随堂听课的方式，每个班各听2次，分别在期中前与期末前，主要用于考察学生的课堂学习积极性及课堂问答的正确率等，用于辅助证实问卷调查与访谈的结果的总体评估。

4. 数据分析对比

数据分析对比主要用于比较两个班级学生的最终学期成绩与学期末HSK等级的情况，以此对比两种评估体系在促使学生积极学习与提高学习水平等方面的最终效用。

（1）"2013级本科三年级"的数据采集

"2013级本科三年级"的测试评估体系是传统的总结性评价体系，学期成绩构成比例为：学期成绩（100%）＝平时成绩（30%）＋期中成绩（30%）＋期末成绩（40%）。

这里的平时成绩包括课堂表现与出勤率两部分，均为百分制。其中，课堂表现根据学生课堂问答情况与平时作业完成情况进行综合打分。期中与期末考试试卷均包含70%的客观题（填空、选择、判断）与30%的主观题（造句、作文），也为百分制。

（2）"2014级本科三年级"的数据采集

"2014级本科三年级"的测试评估体系则是体演文化教学法每日评估体系的形成性评价体系，学期成绩构成比例为：学期成绩（100%）＝每次成绩综合（90%）＋期末成绩（10%）。

这里的期末成绩是由"2013级本科三年级"的期末考试成绩组成。期末考试试卷也包含70%的客观题（填空、选择、判断）与30%的主观题（造句、作文），为百分制，折合为10%的比例计入学期成绩。

而"每次成绩综合"则来源于学生该学期的"每次成绩"。该学期每周上课3次，共18周，共上课54次，因此，学习者一共有54次"每次成绩"。这些"每次成绩"均要求教师在每次授课结束后严格按照体演文化教学法的"4分评级制"进行打分。"4分评级制"的具体评分标准详见第二章第三节的内容。教师会在学期初向学习者说明哪些课堂表现会被评估及评估的细则。每次评估的分数也会力求客观、公正和及时。教师还会在分数备注栏中标明学习者获得此分数的原因，以便让学习者明确了解自身需要改进的地方，促进学习者语言能力的持续发展。"4 分评级制"评估的不仅仅是学习者的语言表达形式，还包括学习者是否表现出符合目的语文化规范的相关交际行为。

"每次成绩综合"将取学生 54 次"每次成绩"的平均值，将其折算为百分制后，再按 90％的比例计入学期成绩。因此，学习者的学期成绩：(54 次"每次成绩"总分×90)/54×4＋"期末成绩"×0.1。

由此成绩公式可以看出，每日评估体系的目标旨在帮助学习者增强自我学习与鞭策的能力，让学习者能意识到自身的问题且及时地进行自我修正。笔者认为，这样的学习评估系统可以引导和促使学生在学习中保持更加积极的心态。

三、研究结果

1. 教师教学心得

通过课堂观察与授课教师的问卷与访谈，我们发现：采用每日评估体系的"2014 级本科三年级"的出勤率与课堂教学效果总体要比采用传统总结性评价体系的"2013 级本科三年级"更好一些。授课教师表示，每日评估体系使教师自身更加重视教学质量，教学内容的趣味性也有所提高，教学方法与课堂测试手段更加多样，课堂管理也更加紧凑有序。同时，"2014 级本科三年级"的学生上课时更加积极主动，课堂表现也更加良好，整个学期的学习自主性都较为稳定，比"2013 级本科三年级"的学生的学习自主性更强。不过，采用传统总结性评价体系的"2013 级本科三年级"的学生在期中考试与期末考试前期的学习积极性特别高，所以期中考试与期末考试的成绩总体也不错。

2. 学生学习心得与学习结果对比

经过一学期的教学与测试评估以后，学生对两种测试体系也有不同的心得体会。两个班级的学生都认可授课教师所采用的教学方法与教学理念，都认为经过一个学期的学习自己的汉语水平有了一定程度的提高。但是，采用每日评估体系的"2014 级本科三年级"的学生认为形成性评价体系使自己更能积极主动地参与学习，能拥有与教师较多的交流机会，还能自我检测每次的学习效果，同时能令自己更有目的性地安排学习。这不仅增强了学习者的信心，还令其提高了"听、说、读、写"4种语言技能。因此，其问卷调查选项大部分停留在"高"与"完全同意"上。而采用传统总结性评价体系的"2013级本科三年级"学生虽然也觉得自己学有所成，但是大部分问卷调查选项都停留在"中等"或"同意"上，对自身与评价体系的认可程度不如"2014级本科三年级"班级高。

我们对比了两个班级最终的学期成绩，综合情况如表7-5、表7-6所示：

表7-5 对照组学期平均成绩　　　　　　　　　　　　　单位：分

2013级平均学期成绩	平时成绩（30%）	期中成绩（30%）	期末成绩（40%）	总成绩
	23.2	25.5	32.8	81.5

表7-6 实验组学期平均成绩　　　　　　　　　　　　　单位：分

2014级平均学期成绩	每次成绩综合（90%）	期末成绩（10%）	总成绩
	76.2	8.9	85.1

从上述两表可以看出，采用每日评估体系的"2014级本科三年级"的平均学期成绩比采用传统总结性评价体系的"2013级本科三年级"高出了3.6%。同时，采用每日评估体系的"2014级本科三年级"的平均期末成绩为89分，而采用传统总结性评价体系的"2013级本科三年级"的平均期末成绩为82分。可见，"2014级本科三年级"的平均期末成绩也比"2013级本科三年级"高出不少。

根据表7-7我们可以发现：在实验前均达到了HSK4级水平的两班学生，在经过一学期的教学实验以后，采用每日评估体系的"2014级本科三年级"在学期末的HSK中，全部通过了HSK5级,并有3人达到了HSK6级水平;而采用传统总结性评价体系的"2013级本科三年级"没有1人达到HSK6级水平，并且尚有1人未通过HSK5级。当然，这不排除两个班级学生的学习水平、学习方法可能存在一些偏差，但是综合3个表，我们大致可以推断，每日评估体系对留学生汉语水平的促进作用比传统总结性评价体系要更胜一筹。

表 7-7 两班 HSK 等级情况对比　　　　　　　　　　单位：人

班级	HSK5 级通过人数	HSK6 级通过人数
2013 级本科三年级	5	0
2014 级本科三年级	1	3

四、总结与分析

根据以上研究，我们发现每日评估体系分别从"教"和"学"两个方面对汉语教学过程进行了督促，它的功用也正是通过这两个方面得以展示的。

1. 在教师教学方面的功用

第一，使教师及时获得教学反馈，能对教学过程和教学步骤迅速做出调整。教师在教学中获得及时反馈是非常必要的。教师可以通过每次成绩评估了解每一位学习者对当日语言点的掌握程度。同时，教师也可根据每次成绩的平均分，迅速判断出当日设计的教学内容是否难度适中，是否激发了学习者的学习动力，等等。这些点滴的反馈信息都可作为教师对学习者语言习得效果的评价基础。教师对学习者的学习过程和学习效果了解得越深入，掌握得越全面，就越能合理地安排自己的课程和教学。

第二，融洽了教师与学习者的师生关系，使课程教学变得更加生动有趣。教师定期将每日评价结果反馈给学习者，学习者会及时了解到自己与教学目标间的差距。学习者会根据评价情况来调整自己的学习状态，更加积极、主动地投入学习，自然也会加强在课堂教学中与教师的互动。这种良性的互动关系，会使课堂教学变得更加顺畅有效，也会让师生关系更加和谐。

第三，使教师获得了更加科学客观的教学资料。长期的形成性评价，能帮助教师清楚地了解自己的教学过程和学习者的学习过程，这就为教师提供了大量教学研究的素材。这些客观的素材因为具有真实性和连续性，给教师的研究带来了极大的便利，也在一定程度上推动了语言学科的不断发展。

2. 在学习者学习方面的功用

第一，让学习者及时得到肯定，增强自我效能感。语言学习，特别是第二语言学习，往往是枯燥无味的，很多人都无法长久地坚持下来。许多海内外学者的研究发现，提高学习者学习质量和效率的方法，一是令学习者爱学、喜欢学；二是教学方法得当；三是学习者自身勤奋刻苦。每日评估体系一方面使学习者清楚地看到自己在每一节课、每一阶段的进步，获得成就感，增强学习的信心和动力；另一方面教师对学习者取得的进步给予明确的分数反馈，也是对学习者学习能力的认可和肯定。这样的方式使枯燥的语言学习变得有趣，学习者也相信自己有学好语言的能力，一时短暂的兴趣就会逐渐变成持久的学习动力，进而提高学习的效率与质量。

第二，让学习者及时了解自己的缺陷，改正不当的学习方法。每日评估体系关注的是学习者在自身语言能力的基础上是否得到提高。学习者通过每次的评估成绩，可以了解自己在每堂课上的表现情况，意识到自己与教学目标之间的差距。及时的分数反馈又能使学习者对刚学过的知识有更鲜明的记忆，即使学习者出现错误，也更易于迅速改进。分数高的学习者会因此受到鼓励，更加努力地学习和准备，逐渐形成良性循环；分数不高的学习者也会因此受到刺激，不断改进自己的学习方法，期望能够得到更高的分数。倘若有学习者觉得自己的表现与分数不符，也正好借此机会与教师进行沟通，让教师感受到其学习的积极性。师生双方一起努力，更容易取得良好的教学效果。不管是运用哪种学习方法都是对学习者学习动力的促进，是一种内在的学习动机，会让学习者的学习成果向好的方面转变。

第三，让学习者更多地关注学习过程而不是学习结果，促进对知识整体性的把握。学习者在语言学习的过程中，往往只关心语言学习的结果，诸如HSK考了几级、期末考试在班上排第几名等。其实学习过程比学习结果更重要。通过每日评估体系，学习者了解到学习的全过程，就会更加自主、积极地学习,更好地监控自己的学习行为,减少盲目性,增加自觉性。学习者会由此扎实地练好基本功,实实在在地提高语言交际能力,使语言教学变得更加有效。

体演文化教学法正是因为有了每日评估体系,才使学习者在如此高强度的学习压力下,持续保持学习热情与动力。本节的实证研究也充分印证了这一点。不过,我们虽然在研究中借鉴了每日评估体系,但由于实验人数不多,以及未考虑学习者内在学习动机的不同、学习习惯的差异等因素,还存在研究的局限性。因此,语言教学者可根据实际教学目标和要求,参考每日评估体系来进行成绩评定,或自行设计一套适宜的每次成绩评估标准。最重要的是,教师应形成每次评估、每次反馈的教学评价意识,重视形成性评价对语言教学的促进和监督作用,改变传统的总结性评价体系"一锤定音"的模式,这样才能不断地激发学习者参与学习的欲望,促使学习活动持久地继续下去。同时,教师在形成性评价的过程中需要尽量客观公正,多鼓励和引导学习者。而学习者则要逐渐适应这种自主学习和自我评价的模式,通过每次评估的分数,尽快调整自己的学习策略,提高和完善自己,最终达到理想的语言学习水平。

第八章

体演文化教学法在国内汉语教学中的推广设想

第二语言教学发展至今,已涌现出不计其数的教学法。每种教学法都表现出一定的独到之处,在某一些领域的分析细致入微,论证入理充分,但同时往往又在另一些领域存在弊端和不足。换言之,每种教学法都有其优势与缺陷。正是基于这样的原因,当今世界的第二语言教学法才走向了综合。既然每种教学法都各有利弊,我们何不"择其善者而从之,其不善者而改之"呢?根据教学环境与内容的不同,选择各种教学法中适合该环境与内容的部分,加以综合与借鉴,形成具体的教学法,这才是第二语言教学法未来发展的大势所趋。体演文化教学法是来自西方社会的教学法,其产生和发展都有其特定的土壤。对于一个舶来品,我们不能将其全盘接受,而应该结合我国国情对其进行定位,把握好借鉴和吸收的尺度。这便是本章所要讨论的主题。

第一节 体演文化教学法的优点与不足

在前面的论述中,本书已经将体演文化教学法在教学上的优点阐述得较为全面了,本节再大致总结一下。

一、体演文化教学法的优点

第一,关注语言的文化内涵,重视学习者言语交际的准确性与合理性。

体演文化教学法的核心理念是从语言的文化内涵角度出发来设计和安排语言教学。因此，该教学法以"体演"为核心，将语言文化置于教学的核心地位，满足了学习者的实践运用需求。学习者在语言学习的同时，不仅关注了语言结构的准确性，而且充分考虑了语言交际的合理性。

第二，强调语言的语用环境，力求获得语言流畅性和准确性之间的平衡。

体演文化教学法以语言交际为教学内容，考虑到了学习者在真实目的语环境中的理解和运用能力。在教学过程中，主要教学模式 ACT 课型（演练课）旨在为学习者创造真实恰当的语言知识的语用环境。FACT 课型（阐释课）的设置则是体演文化教学法关注语言准确性的一种平衡机制。学习者在 ACT 课型（演练课）与 FACT 课型（阐释课）这两种主辅课型的教学引导下，逐渐掌握了完整的第二语言结构体系。

第三，以学习者为中心，鼓励学习者自我建构第二语言能力体系。

体演文化教学法始终把学习者放在教学首要地位，不仅有一套系统的教材与教法，可以让学习者在体演情境中逐步学习由低到高的语言结构，而且在日常授课中鼓励与促进学习者自我建构第二语言结构体系，对学习者第二语言综合能力的提高大有裨益。

第四，以形成性评价为纲，督促学习者自我监督与不断修正第二语言结构体系。

体演文化教学法的每日评估体系以形成性评价为评估监督，通过日复一日的教学与纠错，既帮助学习者不断修正自身第二语言的错误，也帮助教师及时调整教学中的重难点，最终使学习者形成较为完善与全面的第二语言结构体系。

二、体演文化教学法的不足

任何一种教学法都有其局限性，考虑到此教学法兴起于美国，所以在进行借鉴和引进时，我们更要细致地分析其存在的问题与不适合国内汉语教学的地方。笔者基于在美国观摩学习的体悟与实证研究，总结出体演文化教学法以下四点不足：

第一，体演文化教学法更适合口语教学，在读写教学方面不具优势。体演文化教学法较多关注学习者在实际交际场景中的口语表现，而在阅读和书写方面的书面语教学上有所欠缺。因为阅读和书写两种技能不像口语表达那样需要语言表达，而多重视理解和个人展示，这与体演文化教学法所倡导的多向互动和交流沟通的体演方式不太吻合。因此，在实际教学中，虽然教师仍然努力在读写课上使用此教学法，但是收效并不比传统教学法或其他教学法更具优势。虽然教师提供了一些多样的读写示范，但是在实际操作中，仍然会不自觉地转变为诸如"朗读""写作""修改"等传统的教学方法，并没有体现该教学法的独特性。

第二，该教学法过分强调了语言的"输出"训练，而忽视了语言知识"输入"的重要性。体演文化教学法以学生的"学"为重点，在教学中只提供教材和DVD的语言"输入"，全靠学生课下自学。教师的"输入"教学少之又少。尽管我们应该在语言教学中重视语言的"输出"练习，但必要的"输入"行为还是不可或缺的。尤其是在语言学习初期，由于该教学法的课堂教学中以ACT课型（演练课）为主，因此，学生的语言输入全靠课下听DVD学习，但是等到在课上进行体演练习时，学生的发音千奇百怪，仅靠教师零星的评价与答疑纠正，完全是杯水车薪。于是，一部分学生在初级阶段的学习之后，没能形成正确的发音，或被淘汰或主动放弃。倘若在零起点教学时，教师能适当加入一些语音教学练习，也许学生的学习积极性会更高，这样也更有利于学生获得更好的语言水平。

第三，学习者学习任务偏重，容易使其产生畏难情绪。由于体演文化教学法把学习的主动权交给了学生，因而在教学中给予学习者比较大的压力。一是学习者必须在课下完成自学与背诵的学习任务，到上课时直接上台进行体演练习，这相当于把原本应该在课堂上进行教学的时间全部转移到学生的课下学习时间里，笔者曾经询问过部分学习者的课下学习时长，大部分学生表示，每天在课下至少要学习2个小时，而国内的汉语教学是不大可能出现这种情况的;二是在课堂的实际教学中,体演练习的强度较大,教师多采取启发式的教学方式,而对于稍难一点的问题则留到 FACT 课型(阐释课)上来进行解释。有时候,学生出现的问题较为零散,如果教师没有及时记下,等到 FACT 课型(阐释课)上时也许就已经忘记了。因此,学生的学习问题会随着时间的推移越积越多。当然,勤奋好学的学生是不会让问题像雪球一样越滚越大的。但是,我们要考虑到语言学习本身就是一件比较枯燥、需要耐心和毅力的事情,如果压力过大、任务过重的话,那么一些学习者会采取知难而退的态度,这与我们推广汉语和中国文化的初衷是大有出入的。

第四,教材编写既不适宜教师使用,也不适宜学生使用,有待进一步改进。由于体演文化教学法的教材是为课堂体演练习服务的,因此,教材需多以话题、人物和场景为主。这就使得该教学法可选的教材十分有限,大部分教师只能自己进行教材的编撰。俄亥俄州立大学东亚语言文学系目前已成功编撰初级、中级的口语教材,但是此教材仍存在如下问题:一是教材以拼音为主、英语解释为辅,汉字使用太少,不利于提高学习者的读写水平;二是教材未分"教师用书"和"学生用书",本意是想兼顾教与学,结果语言点的安排顺序和课文内容的设置略显混乱,导致教师和学生使用起来都不太方便;三是没有相应的读写教材,只能退而选用其他比较流行的汉语教材,这也是体演文化教学法在读写教学方面出现瓶颈的原因。

综上所述,体演文化教学法并不是一个十全十美的教学法,需要不断地改进和完善。该教学法最大的优势在于口语教学,而在读写教学方面还需要进一步观察,学生存在较高强度的教学压力,在借鉴和引进时也要仔细斟酌此点。因为此教学法扎根于美国,属于非汉语环境下的汉语教学,这与国内汉语教学存在一定的差异,所以在了解其优势和缺陷后,本书才能对其在国内汉语中的运用展开初步的设想。

第二节 体演文化教学法对国内汉语口语教学的借鉴意义

在教学模式研究领域中,体演文化教学法尚属新生事物。迄今为止,国外与国内对体演文化教学法理论与实践的研究还处于起步阶段。本书大胆地选取了这个新型教学法作为研究主题,是基于亲身体会到该教学法的有效成果,感悟到该教学法背后隐含的科学理论基础后才做出的决定。通过本书前面几章的阐释,已明确表示此教学法是值得进行研究,并且有相当大的借鉴价值的。

一、体演文化教学法在国内汉语口语教学中的适用阶段

我国汉语教学目前的教学主旨是重视语言的结构性,强调语言的交际性。在实际的汉语教学中,仍然以传统的三位一体教学法(Presentation,Practice,Production,3P)为基础,辅以其他第二语言教学法。常见的课堂教学程序大致如下:

第一阶段:教师教授生词,对这些生词逐一进行讲解,偶尔借助媒介语来辅助学习者理解。而后,教师再挑出课文中的重要语言点进行深入讲解,举出大量例句来精心比较和辨析这些语言点在意义和用法上的细微差别。

第二阶段:教师围绕上述语言点,采用各种不同的教学法,设计丰富多样的练习来让学习者进行实际操练,以求加深其记忆。偶尔会穿插一些翻译或听写的练习。

第三阶段,教师提炼出与上述语言点有关的话题,引导学习者运用这些语言点进行自由表达,通常采用"说"和"写"的方式来进行。

在上述三个阶段中,第二阶段是各种教学法凸显各自优势的环节。有些教师采用任务型教学法,通过让学生完成相关实践任务来锻炼学生的语言运用的综合能力;有些教师采取全身反应教学法(Total

Physical Response，TPR），让学生充分调动各方面的潜能来完成复杂的交际过程；还有些教师仍旧习惯采取听说式教学法，通过不断地向学习者输入大量的操作练习，来让其从机械问答转向在大脑中固化相关知识点。

体演文化教学法"知行合一""在做中学"的教学理念可在课堂教学的第二阶段发挥作用。体演文化教学法将课堂社会化、交际真实化，保证了语言运用的广泛性、复杂性和灵活性，以求最大限度地调动学习者的内在动机，保证了学习者在语言学习过程中的投入和产出，逐步促使学习者的知识内化从量变转到质变，最终达到将知识转化为技能的目的。

简而言之，体演文化教学法重视语言交际能力的指导思想，以及它"以学习者为教学中心"的课堂理念，是非常值得我们在课堂教学第二阶段进行学习与借鉴的。本书认为，由于体演文化教学法突出的优势表现在口语教学上，因此，如果能在我国汉语口语教学的课堂教学第二阶段引入体演文化教学法，必将进一步激发学习者学习的主动性与积极性，也会促进教师对课堂教学法的进一步思考，为汉语口语教学带来从课堂到教材，甚至评估体系等一系列层面的变化，使我们的汉语口语教学呈现出新的面貌。

二、体演文化教学法如何与国内口语教学相结合

既然体演文化教学法契合了我国汉语口语教学的现状，那么是不是意味着倡导体演文化教学法就是排斥其他教学法呢？或者说，将体演文化教学置于其他教学法的对立面呢？笔者认为，我们应该以体演文化教学法的优势来弥补我国汉语口语教学现状中的不足，将其与其他有效的教学法相结合，因地制宜地形成一种综合性教学法。具体见解如下：

第一，设计多种训练情境，培养学习者的语言运用能力。

体演文化教学的突出特点是从"学"的角度设计教学。为了使学习过程成为学习者主动学习、积极求知的过程，同时为了体现语言学习是为了运用、培养和发展目的语交际能力的学科特点，该教学法的体演内

容都有十分明确的表达和运用目的。笔者认为，这种明确的目的性能促进学习者积极地参与学习和体验，使他们为此更加努力。因此，在教学设计中，教师应从"学"的角度设计一系列有明确目标要求的体演活动，让学习者去完成。这些体演活动应该尽量构成一个有难度梯级的系列，不仅场景多元、涵盖面广，还包括语言知识、文化背景，并且一定要尽量真实可信。这样的教学演练设计，才能充分锻炼学生的语言运用能力，培养其自然博大的文化心理。到了真实的生活场景中，学习者才能真正将汉语使用地恰如其分、游刃有余。

第二，开展多样的小组合作练习，促进学习者的交流与互动。

在教学中以学习者为教学中心，既要鼓励学习者主动积极思考，又要给予学习者与同伴或小组成员交流合作的机会。在体演文化教学法中，生生互动在教学实践中占了相当大的比例。而我国传统的教学互动模式多在师生之间发生，这并不是真正意义上的互动式课堂教学，而真实的互动式课堂教学应该是信息多维的。一方面师生之间、生生之间互相进行知识补充；另一方面师生之间、生生之间又形成资源共享。因此，我们应该在课堂教学中多采用配对活动、小组活动和全班活动等教学形式。由于国内汉语教学班级的规模通常较大，因此，学习者两两进行体演练习的方式似乎不太容易实现，而小组讨论的形式似乎更具借鉴性。小组讨论大大增加了每个学习者的语言实践机会，同时又创造了相对宽松的语言学习环境。另外，互助合作与团体竞争感也有助于提高学习者的学习积极性。学习者在体演文化教学法的理念指导下，可以在小组合作中进行积极的探索和获得丰富的认知体验。这些教学效果都对学习者汉语水平的提高，具有不可低估的作用。

第三，增加多种输入途径，为学习者的语言输出打好坚实的基础。

针对我国汉语口语教学的现状，体演文化教学法在语言知识的输入方面也有值得我们学习的地方。目前，国内汉语口语教学仍采取教师课堂输入和教材课后输入的方式。而体演文化教学法虽然弱化了教师的课堂输入，但在教材课后输入上还是非常丰富的。一是该教学法提供了完备的影音操练资料，学生可以在课下自学时，通过与其设计的操练程序进行演练，来加强语言知识的理解与强化；二是该教学法还在教学中加入了与教材相关的影视课型（辅助课），让学生在视觉享受中不知不觉地加深了对语言知识的印象，也深化了他们对语言运用背景的记忆；三是 FACT 课型（阐释课）中使用的总结性语言点讲义，也是对一周汉语学习知识点的总结，可以对学生的认知起到固化的作用。因此，基于以上三点优势，体演文化教学法在我国汉语口语教学中使用起来并不困难，且二者的教学观点也比较一致。体演文化教学法忽略了教师的输入功能，这点正好与我国现有的高强度教师输入现状形成互补。通过增加其他语言知识输入的途径，也是平衡语言输入与输出比例的一种调节方式。

第四，将每日评估体系纳入教学评估系统，增强教学监督力度。

体演文化教学法正是因为有了每日评估体系，才使得学习者在如此高强度的学习压力下，仍保持高昂的学习热情。这样高效的学习监督方法应该被尽快运用到国内的汉语口语教学中来。教师不一定要采用"4 分评级制"来进行评估，但可以根据实际教学目标和要求，自行设计一套评估标准。重要的是，一定要严格做到每日评估和每周反馈。这样才能激发学习者参与学习的欲望，促使其学习活动持久地继续下去。教师在评价过程中要尽量客观公正，多鼓励和引导学习者。学习者则要逐渐适应这种自主学习和自我评价的模式，通过每日的评价分数，尽快调整自己的学习策略，在日复一日的学习中，提高自己、完善自己，最终成就自己。

结 语

本书从体演文化教学法的微观视角——教师课堂教学行为入手，探讨该教学法有效的教学手段、科学的评估体系、完备的教学理论框架及应用至国内汉语教学的可行性。从研究结果中可以看出：体演文化教学法在教学过程中运用种种场景，呈现和模拟出真实世界中的各种交际脚本进行教学。教师课堂教学行为切实可行，评价体系客观有效，理论背景科学完整，较为适合被国内汉语教学研究者借鉴与推广。

一、本书研究的创新点

本书主要的研究创新点有以下3点：

第一，本书首次探析了体演文化教学法的每个教师课堂教学行为的理论依据，并将这些行为与理论进行了对比研究。这种深度挖掘理论基础的研究方法，将体演文化教学法的理论研究又提升到一个新的高度。同时，这种理论与实践紧密结合的研究方式也推动了语言学、教育学、心理学等交叉学科的进一步结合与发展。

第二，本书通过对体演文化教学法的教师课堂教学行为层面的理论分析和评估体系的理论探讨，首次构建了一套宏观、完整的体演文化教学法理论体系。这样的理论框架搭建，为体演文化教学法未来的进一步发展奠定了稳固的基础。

第三，本书尝试将体演文化教学法运用至国内汉语教学中，通过短期强化项目与高级综合课程的实证研究，证实了体演文化教学法在教师课堂教学与评估体系等方面存在较大优势，值得被国内汉语教学工作者学习与借鉴。实证研究使体演文化教学法的理论体系更具科学性与客观性，也为今后更多的实证研究打下了根基。

二、未来的研究方向

从前文的分析中，我们可以明确了解体演文化教学法并不是一种面面俱到、毫无缺点的第二语言教学法。作为一种扎根于西方国家的第二语言教学法，其教学环境与教学对象都与我们国内的汉语教学大不相同。因此，本书的研究内容主要是起到一个"抛砖引玉"的作用，旨在为将来体演文化教学法的进一步研究做好铺垫，并将其作为一个阶段性的研究成果。而如何进一步完善当前体演文化教学法的理论与实践？如何使体演文化教学法真正走进国内汉语教学的课堂？如何使体演文化教学法与其他优秀的汉语教学法实现融合？如何使体演文化教学法在具体汉语教学中做到"因地制宜、物尽其用"？这些论题都将是笔者未来不断尝试的研究领域。

三、美好展望

体演文化教学法是一个还在不断发展和演进的教学法。本书的写作过程就是在这样一个不断变化和改进的教学法体系下，从不断学习、适应、反思到认同的过程。随着第二语言习得理论的发展，语言教育研究者必定会齐心协力，试图将各种教学法的理论与实践研究得越来越充分与详尽。本书希望能为耕耘在汉语作为第二语言教学领域的研究者，提供一个互动交流、学习和批评的平台。

通过本书的研究，笔者期冀能对汉语综合教学法的发展起到一定的促进作用，使"单个"教学法逐渐走向"综合"，不断地完善与丰满汉语教学法的理论与实践，最终探索出一条适合汉语教学的综合性教学法的道路。

附录 1

学生对教师课堂教学支架的调查问卷

Gender：☐ Male ☐ Female

1. Which of the following teaching methods were used in the classroom to help you meet the lesson goals?（Multiple choice）

☐ **Recruitment（Engagement）**：This method entails increasing your interest in the task by focusing your attention on and personally engaging you in the lesson. For example，"有很多中国人想和你拍照吗?"

☐ **Simplification of the Task**：This method involves simplifying the task by making the solution more concise. For example，"没坐过硬座，算了解中国吗?"

☐ **Direction Maintenance**：This method involves maintaining focus on the lesson goals by keeping you motivated and on-task. The effective teacher also maintains focus by asking questions that move the lesson along in a natural progression. For example，"坐火车很快，同时还有什么感觉?"

☐ **Marking Critical Features**：This method entails highlighting certain relevant features of the target form. The teacher points out discrepancies between what you have said and the target form in order to lead you to the ideal answer. For example，"嗯，服务很差，

没有服务员，所以是，连……都没有？"

☐ **Frustration Control**：This method involves controlling your frustration and reducing the stress of facing a task which you have not yet mastered. For example,"嗯，是忘记了吧？"

☐ **Demonstration**：This method involves modeling an ideal version of the task to be performed. The teacher either states the complete answer or clarifies the complete answer's structure. For example,"跟我说'真不明白为什么出去玩还要这么累'。"

☐ **Feedback**：The teacher measures your performance against standards such as goals or sub-goals of the lesson and then provides feedback. For example,"不错。""很好。"

☐ Other：_____

2. Please rate the effectiveness of the following teaching methods.

Teaching Methods	Very useful	Useful	Not sure	Useless	Completely useless
	5	4	3	2	1
Recruitment (Engagement)					
Simplification of the Task					
Direction Maintenance					
Marking Critical Features					
Frustration Control					
Demonstration					
Feedback					

Thank you for your time!

对外汉语教师教学评价方法调查问卷

本问卷调查采取实名登记的方式,且只用于调查本学院留学生经贸汉语课程的教学评价方式的研究,不会泄漏学生、教师的个人信息,请根据您的实际情况回答下列问题。

姓名_____ 性别_____ 年龄_____ 学位_____

所学专业_____ 教龄_____ 日期_____

1. 您会记录学生每次的课堂成绩吗?	A. 没有做到 D. 做得比较好	B. 做得不够好 E. 做得非常好	C. 一般
2. 您会设定每节课的评估内容吗?	A. 没有做到 D. 做得比较好	B. 做得不够好 E. 做得非常好	C. 一般
3. 您会把学生的平时表现计入学生的期末评定吗?	A. 没有做到 D. 做得比较好	B. 做得不够好 E. 做得非常好	C. 一般
4. 您会在授课前告诉学生如何评估他们的最终成绩吗?	A. 没有做到 D. 做得比较好	B. 做得不够好 E. 做得非常好	C. 一般
5. 您会对学生进行形成性评价吗?	A. 没有做到 D. 做得比较好	B. 做得不够好 E. 做得非常好	C. 一般
6. 您会在课堂上训练学生的听力吗?	A. 没有做到 D. 做得比较好	B. 做得不够好 E. 做得非常好	C. 一般
7. 您会在课堂上训练学生的口语表达能力吗?	A. 没有做到 D. 做得比较好	B. 做得不够好 E. 做得非常好	C. 一般
8. 您会在课堂上训练学生的阅读能力吗?	A. 没有做到 D. 做得比较好	B. 做得不够好 E. 做得非常好	C. 一般

续表

9. 您会在课堂上训练学生的写作能力吗?	A. 没有做到 D. 做得比较好	B. 做得不够好 E. 做得非常好	C. 一般
10. 您会记录学生课堂上的听力成绩吗?	A. 没有做到 D. 做得比较好	B. 做得不够好 E. 做得非常好	C. 一般
11. 您会记录学生课堂上的口语成绩吗?	A. 没有做到 D. 做得比较好	B. 做得不够好 E. 做得非常好	C. 一般
12. 您会记录学生课堂上的阅读成绩吗?	A. 没有做到 D. 做得比较好	B. 做得不够好 E. 做得非常好	C. 一般
13. 您会记录学生课堂上的写作成绩吗?	A. 没有做到 D. 做得比较好	B. 做得不够好 E. 做得非常好	C. 一般
14. 您会记录学生课堂上的问答表现吗?	A. 没有做到 D. 做得比较好	B. 做得不够好 E. 做得非常好	C. 一般
15. 您会关注学生课堂的积极性吗?	A. 没有做到 D. 做得比较好	B. 做得不够好 E. 做得非常好	C. 一般
16. 您会记录学生课堂的纪律情况吗?	A. 没有做到 D. 做得比较好	B. 做得不够好 E. 做得非常好	C. 一般
17. 您会在课后与学生交流吗?	A. 没有做到 D. 做得比较好	B. 做得不够好 E. 做得非常好	C. 一般
18. 您会把学生每次的课堂表现情况告诉学生吗?	A. 没有做到 D. 做得比较好	B. 做得不够好 E. 做得非常好	C. 一般
19. 您会要求学生对每次课进行反馈吗?	A. 没有做到 D. 做得比较好	B. 做得不够好 E. 做得非常好	C. 一般
20. 您会在课程结束后给予学生书面的学期评价吗?	A. 没有做到 D. 做得比较好	B. 做得不够好 E. 做得非常好	C. 一般
21. 您会对学生进行期中考试吗?	A. 没有做到 D. 做得比较好	B. 做得不够好 E. 做得非常好	C. 一般
22. 您会对学生进行期末考试吗?	A. 没有做到 D. 做得比较好	B. 做得不够好 E. 做得非常好	C. 一般
23. 学生的平时成绩包含了他们的每次课堂成绩吗?	A. 完全不包含 D. 包含	B. 不包含 E. 完全包含	C. 不确定
24. 学生的平时成绩和期中、期末成绩一样重要吗?	A. 完全不重要 D. 重要	B. 不重要 E. 非常重要	C. 不确定

学生对课程学习的反馈调查问卷

本问卷调查采取实名登记的方式,且只用于调查本学院留学生对所学的经贸汉语课程内容及评价方式,不会泄漏学生的个人信息。

请根据你的实际情况回答下列问题。

姓名＿＿＿＿　　性别＿＿＿＿　　国籍＿＿＿＿
母语＿＿＿＿　　学龄＿＿＿＿　　HSK 等级＿＿＿＿

1. 你认为这门课程对你学习汉语有多大的帮助？	A. 很低 D. 高	B. 低 E. 很高	C. 中等
2. 你认为学完这门课程后,你的汉语水平能有多大提高呢？	A. 很低 D. 高	B. 低 E. 很高	C. 中等
3. 你认为这门课程的成绩分数怎么样？	A. 很低 D. 高	B. 低 E. 很高	C. 中等
4. 你认为你最近一次HSK 考试的成绩怎么样？	A. 很低 D. 高	B. 低 E. 很高	C. 中等
5. 你认为这门课程对你练习听力有多大帮助呢？	A. 很低 D. 高	B. 低 E. 很高	C. 中等
6. 你认为这门课程对你练习口语有多大帮助呢？	A. 很低 D. 高	B. 低 E. 很高	C. 中等
7. 你认为这门课程对你阅读中文有多大帮助呢？	A. 很低 D. 高	B. 低 E. 很高	C. 中等

续表

8. 你认为这门课程对你用中文写作有多大帮助呢?	A. 很低 D. 高	B. 低 E. 很高	C. 中等
9. 你认为这门课程的老师教的是课本里的内容吗?	A. 完全不同意 D. 同意	B. 不同意 E. 完全同意	C. 不确定
10. 你认为每节课的内容都能听懂吗?	A. 完全不能 D. 能	B. 不能 E. 完全能	C. 不确定
11. 你认为每节课的内容丰富吗?	A. 完全不同意 D. 同意	B. 不同意 E. 完全同意	C. 不确定
12. 你认为每节课难度适中吗?	A. 完全不同意 D. 同意	B. 不同意 E. 完全同意	C. 不确定
13. 你喜欢老师的讲课方法吗?	A. 完全不喜欢 D. 喜欢	B. 不喜欢 E. 非常喜欢	C. 不确定
14. 你喜欢老师的听力练习方法吗?	A. 完全不喜欢 D. 喜欢	B. 不喜欢 E. 非常喜欢	C. 不确定
15. 你喜欢老师的口语练习方法吗?	A. 完全不喜欢 D. 喜欢	B. 不喜欢 E. 非常喜欢	C. 不确定
16. 你喜欢老师的阅读练习方法吗?	A. 完全不喜欢 D. 喜欢	B. 不喜欢 E. 非常喜欢	C. 不确定
17. 你喜欢老师的写作练习方法吗?	A. 完全不喜欢 D. 喜欢	B. 不喜欢 E. 非常喜欢	C. 不确定
18. 你喜欢老师的课堂管理方法吗?	A. 完全不喜欢 D. 喜欢	B. 不喜欢 E. 非常喜欢	C. 不确定
19. 你喜欢老师的讲解方式吗?	A. 完全不喜欢 D. 喜欢	B. 不喜欢 E. 非常喜欢	C. 不确定
20. 你喜欢老师的提问方法吗?	A. 完全不喜欢 D. 喜欢	B. 不喜欢 E. 非常喜欢	C. 不确定
21. 你喜欢老师的课堂反馈方式吗?	A. 完全不喜欢 D. 喜欢	B. 不喜欢 E. 非常喜欢	C. 不确定
22. 你喜欢老师的课堂纠错方式吗?	A. 完全不喜欢 D. 喜欢	B. 不喜欢 E. 非常喜欢	C. 不确定
23. 老师会在课后与你交流吗?	A. 完全不会 D. 会	B. 不会 E. 一定会	C. 不确定

续表

24. 你会在课后问老师问题吗?	A. 完全不会 D. 会	B. 不会 E. 一定会	C. 不确定
25. 你会告诉老师你对课程的评价吗?	A. 完全不会 D. 会	B. 不会 E. 一定会	C. 不确定
26. 你认为自己的每次课堂表现重要吗?	A. 完全不同意 D. 同意	B. 不同意 E. 完全同意	C. 不确定
27. 你认为自己的平时成绩重要吗?	A. 完全不同意 D. 同意	B. 不同意 E. 完全同意	C. 不确定
28. 你认为平时成绩应该加入学期成绩吗?	A. 完全不同意 D. 同意	B. 不同意 E. 完全同意	C. 不确定
29. 你认为期末考试成绩能等于自己的学习水平吗?	A. 完全不同意 D. 同意	B. 不同意 E. 完全同意	C. 不确定
30. 你喜欢这门课程的教学安排吗?	A. 完全不喜欢 D. 喜欢	B. 不喜欢 E. 非常喜欢	C. 不确定
31. 你认为这门课程的教学安排对你的学习有帮助吗?	A. 完全不同意 D. 同意	B. 不同意 E. 完全同意	C. 不确定
32. 你喜欢总结性评价吗?	A. 完全不喜欢 D. 喜欢	B. 不喜欢 E. 非常喜欢	C. 不确定
33. 你喜欢形成性评价吗?	A. 完全不喜欢 D. 喜欢	B. 不喜欢 E. 非常喜欢	C. 不确定

参考文献

一、专著

[1] [德] F.W.克罗恩. 教学论基础 [M]. 李其龙, 李家丽, 徐斌艳, 等, 译. 北京: 教育科学出版社, 2005.

[2] [德] 赫尔巴特. 普通教育学 [M]. 李其龙, 译. 北京: 人民教育出版社, 2015.

[3] [德] 雅斯贝尔斯. 什么是教育 [M]. 邹进, 译. 北京: 生活·读书·新知三联书店, 1991.

[4] [加] 马克斯·范梅南. 教学机智: 教育智慧的意蕴 [M]. 李树英, 译. 北京: 教育科学出版社, 2001.

[5] [美] B.S.布卢姆, 等. 教育目标分类学 [M]. 罗黎辉, 丁证霖, 石伟平, 等, 译. 上海: 华东师范大学出版社, 1986.

[6] [美] B.S.布卢姆, 等. 教育评价 [M]. 邱渊, 王钢, 夏孝川, 等, 译. 上海: 华东师范大学出版社, 1987.

[7] [美] F.戴维. 课堂管理技巧 [M]. 李彦, 译. 上海: 华东师范大学出版社, 2002.

[8] [美] M.卡诺依. 教育经济学国际百科全书（第二版）[M]. 闵维方, 等, 译. 北京: 高等教育出版社, 2000.

[9] [美] R.M.加涅, L.J.布里格斯, W.W.韦杰. 教学设计原理 [M]. 皮连生, 庞维国, 等, 译. 上海: 华东师范大学出版社, 1999.

[10] [美] 阿瑟·J.S.里德, 韦尔娜·E.贝格曼. 课堂观察、参与和反思（第5版）[M] 伍新春, 夏令, 管琳, 译. 北京: 教育科学出版社, 2009.

[11] [英] J.哈德菲尔德. 课堂活力 [M]. 上海：华东师范大学出版社，1998.

[12] [美] 保罗·D.埃金，唐纳德·P.考切克，罗伯特·J.哈德. 课堂教学策略 [M]. 王维城，刘延宇，徐仲林，等，译. 北京：教育科学出版社，1990.

[13] [美] 代尔·斯考特·里德利，比尔·沃尔瑟. 自主课堂：积极的课堂环境的作用 [M]. 沈湘秦，译. 北京：中国轻工业出版社，2001.

[14] [美] 加德纳·H. 智力的重构：21世纪的多元智力 [M]. 霍力岩，房阳洋，李敏谊，等，译. 北京：中国轻工业出版社，2004.

[15] [美] 卡尔·波普尔. 客观知识：一个进化论的研究 [M]. 舒炜光，卓如飞，周柏乔，等，译. 上海：上海译文出版社，2005.

[16] [美] 拉夫尔·泰勒. 课程与教学的基本原理：英汉对照版 [M]. 罗康，张阅，译. 北京：中国轻工业出版社，2014.

[17] [美] J.C.理查德，T.S.罗杰斯. 语言教学的流派（第2版）[M]. 北京：外语教学与研究出版社，2008.

[18] [美] 林格伦. 课堂教育心理学 [M]. 章志光，张世富，肖毓秀，等，译. 昆明：云南人民出版社，1983.

[19] [加] W.F.麦基. 语言教学分析 [M]. 王得杏，孙以鑑，许才德，等，译. 北京：北京语言学院出版社，1990.

[20] [美] 梅雷迪斯·D.高尔，沃尔特·R.博格，乔伊斯·P.高尔. 教育研究方法导论（第6版）[M]. 许庆豫，等，译. 南京：江苏教育出版社，2002.

[21] [美] 莫里斯·L.比格. 学习的基本理论与教学实践 [M]. 张敷荣，张粹然，王道宗，等，译. 北京：人民教育出版社，1983.

[22] [美] 塞尔·J.R.表述和意义：言语行为研究 [M]. 北京：外语教学与研究出版社，2001.

[23] [美] 爱德华·L.桑代克. 人类的学习 [M]. 李维，译. 北京：北京大学出版社，2010.

[24] [英] 彼得·史密斯，[加] 彭迈克，[土] 齐丹·库存巴莎. 跨文

化社会心理学[M].严文华,权大勇,等,译.北京:人民邮电出版社,2009.

[25] [加]H.H.斯特恩.语言教学的基本概念[M].上海:上海外语教育出版社,1999.

[26] [美]斯滕伯格.认知心理学(第三版)[M].杨炳钧,陈燕,邹枝玲,等,译.北京:中国轻工业出版社,2006.

[27] [美]威廉·F.派纳,威廉·M.雷诺兹,帕特里克·斯莱特里,等.理解课程:历史与当代课程话语研究导论(上、下)[M].张华,等,译.北京:教育科学出版社,2003.

[28] [美]威廉·弗莱明.艺术与观念:西方文化史[M].宋协立,译.西安:陕西人民美术出版社,1991.

[29] [美]安妮塔·伍尔福克.教育心理学(第8版)[M].北京:高等教育出版社,2003.

[30] [日]佐藤学.课程与教师[M].钟启泉,译.北京:教育科学出版社,2003.

[31] [日]佐藤正夫.教学原理[M].钟启泉,译.北京:教育科学出版社,2001.

[32] [苏]凯洛夫.教育学[M].沈颖,南致善,贝璋衡,等,译.北京:人民教育出版社,1953.

[33] [印]K.萨蒙帕孜,A.帕利赛尔瓦蒙,S.萨音扎那蒙.教育技术学概论[M].伍任,译.北京:春秋出版社,1989.

[34] [英]H.D.布朗.根据原理教学:交互式语言教学[M].北京:外语教学与研究出版社,2001.

[35] [英]H.D.布朗.语言学习与语言教学的原则[M].北京:外语教学与研究出版社,2002.

[36] [英]翠西亚·赫奇.语言课堂中的教与学[M].上海:上海外语教育出版社,2002.

[37] [英]大卫·加德纳,林德赛·米勒.外语自主学习:理论与实践[M].上海:上海外语教育出版社,2002.

[38] [英]戴维·霍普金斯.教师课堂研究指南(第三版)[M].杨晓

琼,译.上海:华东师范大学出版社,2009.

[39] [英] 丹尼斯·劳顿,彼得·戈顿,玛吉·英格,等.课程研究的理论与实践 [M]. 张渭城,环惜吾,黄明皖,等,译.北京:人民教育出版社,1985.

[40] [英] 克拉姆契.语言教学的环境与文化:英文 [M]. 上海:上海外语教育出版社,1999.

[41] [英] 约翰逊.外语学习与教学导论 [M]. 北京:外语教学与研究出版社,2002.

[42] [英] 罗伯特·伍德.评估与测试:研究综述 [M]. 北京:外语教学与研究出版社,2001.

[43] [英] 威多森.语言教学面面观:英文 [M]. 上海:上海外语教育出版社,1999.

[44] [美] 巴巴拉·G.戴维斯.教学方法手册 [M]. 严慧仙,译.杭州:浙江大学出版社,2006.

[45] [苏] 巴班斯基,波塔什尼克.教学教育过程最优化问答 [M]. 利兰,译.北京:北京师范大学出版社,1985.

[46] [美] 加里·D.鲍里奇.有效教学方法(第4版).[M]. 易东平,译.南京:江苏教育出版社,2002.

[47] 蔡楠荣.课堂掌控艺术 [M]. 北京:教育科学出版社,2006.

[48] 陈光莲.教学论概说 [M]. 武汉:华中师范大学出版社,1987.

[49] 陈厚德.基础教育新概念:有效教学 [M]. 北京:教育科学出版社,2000.

[50] 陈琦,刘儒德.当代教育心理学 [M]. 北京:北京师范大学出版社,1997.

[51] 陈田顺.对外汉语教学中高级阶段课程规范 [M]. 北京:北京语言文化大学出版社,1999.

[52] 陈侠.课程论 [M]. 北京:人民教育出版社,1989.

[53] 陈向明.教师如何作质的研究 [M]. 北京:教育科学出版社,2001.

[54] 陈晓端,等.有效教学理念与实践 [M]. 西安:陕西师范大学出

版社，2007.

[55] 陈瑶. 课堂观察指导 [M]. 北京：教育科学出版社，2002.

[56] 陈玉琨. 教育评价学 [M]. 北京：人民教育出版社，1999.

[57] 陈玉琨，代蕊华. 课程与课堂教学 [M]. 上海：华东师范大学出版社，2002.

[58] 程棠. 对外汉语教学目的原则方法 [M]. 北京：华语教学出版社，2000.

[59] 程裕祯. 新中国对外汉语教学发展史 [M]. 北京：北京大学出版社，2005.

[60] 田瑞云，刘永慧. 语文教育行为论 [M]. 青岛：青岛海洋大学出版社，2002.

[61] 崔葆奎. 教育学文集：教师 [M]. 北京：人民教育出版社，1991.

[62] 崔永华，杨寄洲. 对外汉语课堂教学技巧 [M]. 北京：北京语言文化大学出版社，1997.

[63] 代蕊华. 课堂设计与教学策略 [M]. 北京：北京师范大学出版社，2005.

[64] 邓金. 培格曼最新国际教师百科全书 [M]. 北京：学苑出版社，1989.

[65] 丁证霖，赵中建，乔晓冬，等. 当代西方教学模式 [M]. 太原：山西教育出版社，1991.

[66] [美] 司考沃. 学习新语言：第二语言习得论 [M]. 北京：外语教学与研究出版社，2004.

[67] 杜萍. 有效课堂管理：方法与策略 [M]. 北京：教育科学出版社，2008.

[68] 冯克诚，范英，刘以林. 教师行为规范全书之八：教师课堂组织行为规范 [M]. 北京：华语教学出版社，1996.

[69] 傅道春. 教师技术行为 [M]. 哈尔滨：黑龙江教育出版社，1996.

[70] 傅道春. 教师行为优化教程 [M]. 哈尔滨：黑龙江教育出版社，1997.

[71] 傅道春. 教师组织行为 [M]. 上海：上海教育出版社，1993.

[72] 傅道春. 教学行为的原理与技术 [M]. 北京：教育科学出版社，2001.

[73] 高文. 教学模式论 [M]. 上海：上海教育出版社，2002.

[74] [美] 古德，布罗菲. 透视课堂 [M]. 陶志琼，王凤，邓晓芳，等，译. 北京：中国轻工业出版社，2002.

[75] 顾黄初. 语文教育论稿 [M]. 北京：人民教育出版社，1995.

[76] 郭华. 课堂沟通论 [M]. 北京：北京师范大学出版社，2006.

[77] 郭友，杨善禄，白蓝. 教师教学技能 [M]. 北京：首都师范大学出版社，1993.

[78] [德] 尤尔根·哈贝马斯. 交往行为理论（第1卷）[M]. 洪佩郁，蔺青，译. 重庆：重庆出版社，1994.

[79] 胡德海. 教育学原理 [M]. 兰州：甘肃教育出版社，1998.

[80] 黄甫全. 现代课程与教学论学程（上、下册）[M]. 北京：人民教育出版社，2006.

[81] 董杰锋，朱若真. 教师语言艺术 [M]. 沈阳：辽宁大学出版社，1987.

[82] 瞿葆奎. 教育学文集：教育与人的发展 [M]. 北京：人民教育出版社，1989.

[83] 江新. 对外汉语教学的心理学探索 [M]. 北京：教育科学出版社，2007.

[84] 蒋可心. 对外汉语教学法研究 [M]. 哈尔滨：黑龙江教育出版社，2001.

[85] 蒋同林，崔达送. 教师语言纲要 [M]. 北京：华语教学出版社，2001.

[86] [英] D.L.弗里曼，M.H.朗. 第二语言习得研究概况 [M]. 北京：外语教学与研究出版社，2000.

[87] 靳玉乐. 现代课程论 [M]. 重庆：西南师范大学出版社，1995.

[88] 李洪生. 新课程课堂教学行为创新：初中语文 [M]. 北京：新华出版社，2005.

[89] 李秉德. 教学论 [M]. 北京：人民教育出版社，1991.

[90] 李臣. 活动课程研究［M］. 北京：教育科学出版社，1998.

[91] 李德显. 课堂秩序论［M］. 桂林：广西师范大学出版社，2000.

[92] 李定仁，徐继存. 教学论研究二十年［M］. 北京：人民教育出版社，2001.

[93] 李泉. 对外汉语教学理论思考［M］. 北京：教育科学出版社，2005.

[94] 李如密. 教学艺术论［M］. 济南：山东教育出版社，1995.

[95] 李蔚. 提高课堂教学质量的心理学问题［M］. 北京：教育科学出版社，1992.

[96] 李晓琪. 对外汉语口语教学研究［M］. 北京：商务印书馆，2006.

[97] 李晓琪. 对外汉语听力教学研究［M］. 北京：商务印书馆，2006.

[98] 李晓琪. 对外汉语文化教学研究［M］. 北京：商务印书馆，2006.

[99] 李晓琪. 对外汉语阅读与写作教学研究［M］. 北京：商务印书馆，2006.

[100] 李晓琪. 对外汉语综合课教学研究［M］. 北京：商务印书馆，2006.

[101] 李杨. 对外汉语本科教育研究［M］. 北京：北京语言文化大学出版社，1999.

[102] 李杨. 中高级对外汉语教学论［M］. 北京：北京大学出版社，1993.

[103] 刘珣. 对外汉语教育学引论［M］. 北京：北京语言文化大学出版社，2000.

[104] 刘要悟. 教学评价基本问题研究［M］. 兰州：甘肃文化出版社，1997.

[105] 刘志军. 课堂评价论［M］. 桂林：广西师范大学出版社，2002.

[106] 柳夕浪. 课堂教学临床指导（修订版）［M］. 北京：人民教育出版社，2003.

[107] 路海东. 学校教育心理学［M］. 长春：东北师范大学出版社，2005.

[108] 吕必松. 汉语和汉语作为第二语言教学［M］. 北京：北京大学出

版社，2007.

[109] [美] 罗伯特·W.布莱尔. 外语教学新方法 [M]. 许毅，译. 北京：北京语言学院出版社，1987.

[110] 罗少茜. 英语课堂教学形成性评价研究 [M]. 北京：外语教学与研究出版社，2003.

[111] 潘慧玲. 教育研究的取径、概念与应用 [M]. 上海：华东师范大学出版社，2005.

[112] 毛国锋，邱乾. 提高教学有效性的实践探索 [M]. 贵阳：贵州人民出版社，2006.

[113] 梅立崇. 汉语和汉语教学探究 [M]. 北京：华语教学出版社，1995.

[114] 裴娣娜. 教学论 [M]. 北京：教育科学出版社，2007.

[115] 皮连生. 学与教的心理学 [M]. 上海：华东师范大学出版社，1997.

[116] 区培民. 语文教师课堂行为系统论析：课程教学一体化的观点 [M]. 上海：华东师范大学出版社，2001.

[117] 沈毅，崔允漷. 课堂观察：走向专业的听评课 [M]. 上海：华东师范大学出版社，2008.

[118] 盛炎. 语言教学原理 [M]. 重庆：重庆出版社，2006.

[119] 施良方，崔允漷. 教学理论：课堂教学的原理、策略与研究 [M]. 上海：华东师范大学出版社，1999.

[120] 施良方. 学习论 [M]. 北京：人民教育出版社，1994.

[121] 石鸥. 教育困惑中的理性追求 [M]. 长沙：湖南师范大学出版社，2005.

[122] 史根东，傅道春. 教师创新行为案例与评议 [M]. 北京：中国科学技术出版社，1999.

[123] 束定芳，庄智象. 现代外语教学：理论、实践与方法 [M]. 上海：上海外语教育出版社，1996.

[124] 孙德金. 对外汉语词汇及词汇教学研究 [M]. 北京：商务印书馆，2006.

[125] 孙德金. 对外汉语语法及语法教学研究 [M]. 北京：商务印书馆，2006.

[126] 孙德金. 对外汉字教学研究 [M]. 北京：商务印书馆，2006.

[127] [美] 拉尔夫·泰勒. 课程与教学的基本原理 [M]. 施良方，译. 北京：人民教育出版社，1994.

[128] 唐松林. 教师行为研究 [M]. 长沙：湖南师范大学出版社，2002.

[129] 唐莹. 元教育学 [M]. 北京：人民教育出版社，2002.

[130] 田慧生，李如密. 教学论 [M]. 石家庄：河北教育出版社，1996.

[131] 王道俊，王汉澜. 教育学 [M]. 北京：人民教育出版社，1999.

[132] 王笃勤. 英语教学策略论 [M]. 北京：外语教学与研究出版社，2002.

[133] 王国俊. 讲授艺术论 [M]. 西安：陕西师范大学出版社，1992.

[134] 王鸿江. 现代教育学 [M]. 天津：天津人民出版社，1996.

[135] 王鉴，万明钢. 多元文化教育比较研究 [M]. 北京：民族出版社，2006.

[136] 王鉴. 课堂研究概论 [M]. 北京：人民教育出版社，2007.

[137] 王鉴. 实践教学论 [M]. 兰州：甘肃教育出版社，2002.

[138] 王伟廉. 课程研究领域的探索 [M]. 成都：四川教育出版社，1988.

[139] 王钟华. 对外汉语教学初级阶段课程规范 [M]. 北京：北京语言大学出版社，1999.

[140] 温寒江. 现代教学论引论 [M]. 天津：天津教育出版社，1988.

[141] 吴光，钱明，董平，等. 王阳明全集 [M]. 上海：上海古籍出版社，2011.

[142] 吴康宁. 课堂教学社会学 [M]. 南京：南京师范大学出版社，1999.

[143] 吴立岗. 教学的原理、模式和活动 [M]. 南宁：广西教育出版社，1998.

［144］吴伟克. 体演文化教学法：汉英对照［M］. 武汉：湖北教育出版社，2010.

［145］吴文侃. 比较教学论［M］. 北京：人民教育出版社，1996.

［146］夏志芳. 地理课程与教学论［M］. 杭州：浙江教育出版社，2003.

［147］肖锋. 学会教学：课堂教学技能的理论与实践［M］. 杭州：浙江大学出版社，2002.

［148］熊川武，江玲. 理解教育论［M］. 北京：教育科学出版社，2005.

［149］熊川武. 学习策略论［M］. 南昌：江西教育出版社，1997.

［150］许高厚. 课堂教学技艺［M］. 北京：北京师范大学出版社，1997

［151］徐继存. 教学理论反思与建设［M］. 兰州：甘肃教育出版社，2000.

［152］徐子亮，吴仁甫. 实用对外汉语教学法［M］. 北京：北京大学出版社，2006.

［153］徐子亮. 对外汉语教学心理学［M］. 上海：华东师范大学出版社，2008.

［154］徐子亮. 汉语作为外语教学的认知理论研究［M］. 北京：华语教学出版社，2000.

［155］薛中梁. 英语课堂教学过程［M］. 合肥：安徽教育出版社，2002.

［156］杨惠元. 课堂教学理论与实践［M］. 北京：北京语言大学出版社，2007.

［157］杨丽珠. 教育科学研究方法［M］. 大连：辽宁师范大学出版社，1995.

［158］姚利民. 有效教学论：理论与策略［M］. 长沙：湖南大学出版社，2005.

［159］叶澜. 教育概论［M］. 北京：人民教育出版社，1991.

［160］叶澜，白益民，王枬，等. 教师角色与教师发展新探［M］. 北京：教育科学出版社，2001.

［161］袁振国. 当代教育学［M］. 北京：教育科学出版社，2004.

[162] 张传燧. 中国教学论史纲 [M]. 长沙：湖南教育出版社，1999.

[163] 张德鑫. 对外汉语教学回眸与思考 [M]. 北京：外语教学与研究出版社，2000.

[164] 张广君. 教学本体论 [M]. 兰州：甘肃教育出版社，2002.

[165] 张和生. 对外汉语教师素质与教师培训研究 [M]. 北京：商务印书馆，2006.

[166] 张和生. 对外汉语课堂教学技巧研究 [M]. 北京：商务印书馆，2006.

[167] 张亚军. 对外汉语教法学 [M]. 北京：现代出版社，1990.

[168] 张正东. 中国外语教学法理论与流派 [M]. 北京：科学出版社，2000.

[169] 章兼中. 国外外语教学法主要流派 [M]. 上海：华东师范大学出版社，1983.

[170] 赵新那，黄培云. 赵元任年谱 [M]. 北京：商务印书馆，1998.

[171] 郑艳群. 对外汉语计算机辅助教学的实践研究 [M]. 北京：商务印书馆，2006.

[172] 钟启泉，黄志成. 美国教学论流派 [M]. 西安：陕西人民教育出版社，1993.

[173] 钟启泉. 现代课程论 [M]. 上海：上海教育出版社，1989.

[174] 钟启泉. 课程论 [M]. 北京：教育科学出版社，2007.

[175] 钟启泉. 现代教学论发展 [M]. 北京：教育科学出版社，1992.

[176] 钟启泉. 课程设计基础 [M]. 济南：山东教育出版社，1998.

[177] 周健. 汉语课堂教学技巧与游戏 [M]. 北京：北京语言文化大学出版社，1998.

[178] 周健，彭小川，张军. 汉语教学法研修教程 [M]. 北京：人民教育出版社，2004.

[179] 周军. 教学策略 [M]. 北京：教育科学出版社，2007.

[180] 周小兵，李海鸥. 对外汉语教学入门 [M]. 广州：中山大学出版社，2004.

[181] 周小兵. 对外汉语教学入门（第二版）[M]. 广州：中山大学出

版社，2009.

[182] 朱芳华. 对外汉语教学难点问题研究与对策 [M]. 厦门：厦门大学出版社，2006.

[183] 邹再华. 社会主义行为管理学纲要 [M]. 长沙：湖南人民出版社，1986.

[184] 佐斌. 师生互动论：课堂师生互动的心理学研究 [M]. 武汉：华中师范大学出版社，2002.

[185] Acheson, Keith A., Gall, Meredith Damien. *Techniques in the Clinical Supervision of Teachers: Preservice and Inservice Applications* (2nd Edition) [M]. London：Longman, 1987.

[186] Asher, James J. *Learning Another Language Through Actions: The Complete Teacher's Guide Book* (3rd Edition) [M]. Los Gatos, California：Sky Oaks Productions, 1988.

[187] Austin, John L. *How to Do Things with Words* (2nd Edition) [M]. Cambridge, MA：Harvard University Press, 1975.

[188] Bennett, Neville. *Teaching Styles and Pupil Progress* [M]. Cambridge：Open Books Publishing, 1976.

[189] Breen, Michael P., et al. *Classroom Decision-Making: Negotiation and Process Syllabuses in Practice* [M]. Cambridge：Cambridge University Press, 2000.

[190] Brooks, Nelson H. *Language and Language Learning: Theory and Practice* (3rd Edition) [M]. New York：Harcourt Brace, 1960.

[191] Carlson, Marvin. *Performance: A Critical Introduction* (3rd Edition) [M]. London：Routledge, 2017.

[192] Weinstein, Carol Simon, Novodvorsky, Ingrid. *Middle and Secondary Classroom Management: Lessons from Research and Practice* (4th Edition) [M]. New York：McGraw-Hill Education, 2010.

[193] Carr, Wilfred. *Quality in Teaching: Arguments for a Reflective Profession* [M]. London: Routledge Falmer, 1989.

[194] Chaudron, Craig. *Second Language Classrooms: Research on Teaching and Learning* [M]. New York: Cambridge University Press, 1988.

[195] Creemers, B.P.M. *The Effective Classroom* [M]. London: Cassell, 1994.

[196] Hopkins, David. *A Teacher's Guide to Classroom Research* (4th Edition) [M]. Berkshire: Open University Press, 2008.

[197] DeFrancis, John. *The Chinese Language: Fact and Fantasy* [M]. Honolulu: University of Hawaii Press, 1986.

[198] Duranti, Alessandro. *Linguistic Anthropology: A Reader* (2nd Edition) [M]. New Jersey: Wiley-Blackwell, 2009.

[199] Ellis, Rod. *Understanding Second Language Acquisition* [M]. Oxford: Oxford University Press, 1989.

[200] Elbaz, Freema. *Teacher Thinking: A Study of Practical Knowledge* [M]. New York: Nichols Pub Co., 1983.

[201] Ellis, Rod. *The Study of Second Language Acquisition* (2nd Edition) [M]. London: Oxford University Press, 2008.

[202] Finocchiaro, Mary, Brumfit, et al. *The Functional-Notional Approach: From Theory to Practice* [M]. New York: Oxford University Press, 1983.

[203] Meier, Frieda E. *Competency-Based Instruction for Teachers of Students with Special Learning Need* [M]. Boston: Allyn and Bacon, 1992.

[204] Gage, N. L. *The Scientific Basis of the Art of Teaching* [M]. New York: Teachers College Press, 1979.

[205] Gardner, Howard E. *To Open Minds: Chinese Clues to the Dilemma of Contemporary Education* [M]. New York: Basic Books, 1989.

[206] Gattegno, Caleb. *Teaching Foreign Languages in Schools: The Silent Way* [M]. New York: Educational Solutions, 1963.

[207] Gumperz, John J. *Discourse Strategies* [M]. Cambridge: Cambridge University Press, 1982.

[208] Brown, H. Douglas. *Teaching by Principles: An Interactive Approach to Language Pedagogy* [M]. Upper Saddle River: Regents Prentice Hall, 1994.

[209] Hammersley, Martyn. *Controversies in Classroom Research* [M]. Berkshire: Open University Press, 1987.

[210] Hughes, David, Hitchcock, Graham. *Research and the Teacher: A Qualitative Introduction to School-Based Research* (2nd Edition) [M]. London: Routledge, 1995.

[211] Hook, Colin. *Studying Classroom* [M]. Victoria: Deakin University Press, 1985.

[212] Howatt, A.P.R., Widdowson, H.G. *A History of English Language Teaching* (2nd Edition) [M]. Oxford: Oxford University Press, 2004.

[213] Richards, J.C., Rodgers, T.S. *Approaches and Methods in Language Teaching* (2nd Edition) [M]. Cambridge: Cambridge University Press, 1986.

[214] Johnson, Francis Charles. *Individualizing the Language Classroom* [M]. Plymouth: Jacaranda Press, 1976.

[215] Weil, Marsha, Calhoun, Emily. *Models of Teaching* (7th Edition) [M]. Boston: Allyn and Bacon, 2003.

[216] Knowles, Malcolm Shepherd. *Self-Directed Learning: A Guide for Learners and Teachers* [M]. New York: Association Press, 1975.

[217] Kounin, Jacob S. *Discipline and Group Management in Classrooms* [M]. New York: Holt, Rinehart and Winston, 1970.

[218] Krashen, Stephen D., Terrell, Tracy D. *The Natural Approach: Language Acquisition in the Classroom* [M]. San Francisco: The Alemany Press, 1983.

[219] Kumaravadivelu, B. *Beyond Method: Macrostrategies for Language Teaching* [M]. New Haven: Yale University Press, 1994.

[220] Kyriacou, Chris. *Essential Teaching Skills* (2nd Edition) [M]. Upper Saddle River: Prentice Hall, 1991.

[221] Littlewood, William. *Communicative Language Teaching* [M]. Cambridge: Cambridge University Press, 1981.

[222] Christensen, Mathew B., Noda, Mari. *A Performance-Based Pedagogy for Communicating in Cultures: Training Teachers for East Asian Languages* [M]. Columbus: Foreign Language Publications, 2002.

[223] Nixon, John. *A Teacher's Guide to Action Research: Evaluation, Enquiry, and Development in the Classroom* [M]. London: Grant Mcintyre, 1981.

[224] Nunan, David. *Language Teaching Methodology: A Textbook for Teachers* [M]. Upper Saddle River: Prentice Hall, 1991.

[225] Palmer, Harold E. *The Oral Method of Teaching Languages* [M]. Cambridge: W. Heffer & Sons, 1966.

[226] Perrott, Elizabeth. *Effective Teaching: A Practical Guide to Improving Your Teaching* [M]. New York: Longman, 1982.

[227] Popper, Karl. *The Logic of Scientific Discovery* [M]. New York: Routledge, 2005.

[228] Ellis, Rod. *Task-based Language Learning and Teaching* [M]. Oxford: Oxford University Press, 2003.

[229] Stenhouse, Lawrence. *Research as a Basis for Teaching: Readings from the Work of Lawrence Stenhouse* [M]. London: Heinemann Educational Books, 1985.

[230] Scrivener, Jim. *Learning Teaching: A Guidebook for English Language Teachers* [M]. London: Macmillan Publishers Limited, 1994.

[231] Searle, John R. *Intentionality* [M]. Cambridge: Cambridge University Press, 1983.

[232] Kvale, Steinar. *Interviews: An Introduction to Qualitative Research Interviewing* [M]. Thousand Oaks, California: Sage Publications, 1996.

[233] Stenhouse, Lawrence. *An Introduction to Curriculum Research and Development* [M]. London: Heinemann, 1975.

[234] Schultz, Theodore W. *The Economic Value of Education* [M]. New York: Columbia University Press, 1963.

[235] Chen, Hsuan-Chih. *Language Processing in Chinese* [M]. Amsterdam: North Holland, 1992.

[236] Lier, Leo Van. *Interaction in the Language Curriculum: Awareness, Astronomy and Authenticity* [M]. London: Routledge, 1996.

[237] Adelman, Clement, Walker, Roy, Adelman, Clem. *A Guide to Classroom Observation* [M]. London: Routledge, 1975.

[238] Schank, Roger C. *Tell Me a Story: A New Look at Real and Artificial Memory* [M]. London: Macmillan Publishers Limited, 1990.

[239] Vygotsky, L. S. *Mind in Society: The Development of Higher Psychological Processes* [M]. Boston: Harvard University Press, 1978.

[240] Krashen, S. D. *The Input Hypothesis: Issues and Implications* [M]. London: Longman, 1985.

二、论文

[1] 胡青球,埃德·尼可森,陈炜. 大学英语教师课堂提问模式调查分析 [J]. 外语界,2004（6）：22-27.

[2] 白朝霞. 对外汉语教学初级阶段课堂语言刍议 [J]. 当代教育科学,2005（1）：54,57.

[3] 白益民. 高成效教师的行为特征研究 [J]. 教育研究与实验,2000（4）：31-37.

[4] 毕继万,张德鑫. 对外汉语教学中语言文化研究的问题 [J]. 语言文字应用,1994（2）：40-47.

[5] 卜佳晖. 汉语教师课堂语言输入特点分析 [D]. 北京：北京语言文化大学硕士学位论文,2000.

[6] 蔡伟. 论教师评价对学生行为养成的影响及其评价技巧的优化 [J]. 教学与管理,1997（11）：6-8.

[7] 蔡永红,黄天元. 教师评价研究的缘起、问题及发展趋势 [J]. 北京师范大学学报（社会科学版）,2003（1）：130-136.

[8] 蔡永红. 对教师绩效评估研究的回顾与反思 [J]. 高等师范教育研究,2001（3）：73-76.

[9] 蔡整莹. 对外汉语教学中的板书设计 [J]. 暨南大学华文学院学报,2001（2）：22-28.

[10] 曾玉. 对外汉语教师课堂提问的初步考察 [D]. 北京：北京语言大学硕士学位论文,2006.

[11] 常敬宇. 语境和对外汉语教学 [J]. 语言教学与研究,1986（2）：117-126.

[12] 陈绂. 对国内对外汉语教学的反思：AP汉语与文化课及美国教学实况给我们的启发 [J]. 语言文字应用,2006（A1）：35-44.

[13] 陈平水,美智. 课堂教学的情与理之境界：谈课堂教学的本质与功能 [J]. 教育理论与实践,1997（5）：52-54.

[14] 陈时见. 浅议课堂中的时间管理 [J]. 基础教育研究,1998（3）：

21-23.

[15] 陈时见. 西方课堂行为管理的主要理论简析 [J]. 教育理论与实践, 1998 (6): 56-59.

[16] 陈贤纯. 对外汉语中级阶段教学改革构想: 词语的集中强化教学 [J]. 世界汉语教学, 1999 (4): 3-11.

[17] 陈向明. 定性研究方法评介 [J]. 教育研究与实验, 1996 (3): 62-68.

[18] 陈晓桦. 近二十年对外汉语教学研究成果统计分析 [J]. 学术交流, 2000 (4): 126-128.

[19] 陈兴明. 恰当运用讲授教学法 [J]. 福州大学学报 (哲学社会科学版), 2001 (15): 78-81.

[20] 程红, 张天宝. 论教学的有效性及其提高策略 [J]. 中国教育学刊, 1998 (5): 37-40.

[21] 程棠. 对外汉语教学学科发展说略 [J]. 汉语学习, 2004 (6): 42-50.

[22] 崔含鼎. 现代教学艺术基本特征的试归纳 [J]. 现代大学教育, 1998 (2): 91-92.

[23] 崔建新. 从加拿大汉语教学现状看海外汉语教学 [J]. 汉语学习, 2005 (6): 69-75.

[24] 崔明芬.21 世纪汉语教学在美国 [J]. 中国大学教学, 2002 (6): 28-30.

[25] 安珑山. 论课堂管理 [D]. 兰州: 西北师范大学硕士学位论文, 1992.

[26] 崔永华. 二十年来对外汉语教学研究热点回顾 [J]. 语言文字应用, 2005 (1): 63-70.

[27] 崔永华. 教师行动研究和对外汉语教学 [J]. 世界汉语教学, 2004 (3): 89-95, 4.

[28] 崔永华. 语言课的课堂教学意识略说 [J]. 世界汉语教学, 1990 (3): 173-177.

[29] 崔允漷. 有效教学: 理念与策略 (上) [J]. 人民教育, 2001 (6):

46-47.

[30] 戴相华. 心理学教学如何联系实际[J]. 师范教育, 1985 (8): 19-20.

[31] 戴中光, 肖贻杰. 浅析大学教师成为教学有效教师的路径[J]. 长沙航空职业技术学院学报, 2004 (4): 10-13.

[32] 戴忠信. 论外语教学研究中的折衷主义思想[J]. 教育探索, 2002 (12): 62-64.

[33] 丁安琪. 欧美留学生对课堂活动有效性评价的分析: 对外汉语课堂活动系列调查之三[J]. 汉语学习, 2006 (5): 60-66.

[34] 丁安琪. 专职对外汉语教师对课堂活动看法的调查: 对外汉语课堂活动系列调查之一[J]. 语言教学与研究, 2006 (6): 57-63.

[35] 杜明超. 美国汉语研究与教学综述 (1999—2003) [J]. 云南师范大学学报 (对外汉语教学与研究版), 2005 (2): 64-69.

[36] 杜有黄百. 对外汉语跨文化的教学研究[D]. 兰州: 西北大学硕士学位论文, 2011.

[37] 段沫. 基于需求分析的任务型教学研究[D]. 上海: 上海师范大学博士学位论文, 2010.

[38] 樊建华. 课堂管理的主要理论模式[J]. 外国教育研究, 1995 (3): 15-18.

[39] 樊长荣. 外语教学中的折中主义[J]. 外语教学与研究, 1999 (2): 29-34, 80.

[40] 范瑾. 课堂教学中的教师行为研究[J]. 云南师范大学学报 (对外汉语教学与研究版), 2003 (6): 53-55.

[41] 范文苑. 任务型语言教学理论的研究以及在对外汉语口语教学中的应用[D]. 上海: 上海交通大学硕士学位论文, 2007.

[42] 傅惠钧. 略说课堂提问的功能和要求[J]. 修辞学习, 1997 (6): 16-17.

[43] 傅索雅. 谈谈对外汉语教学中的课堂提问[J]. 北京广播电视大学学报, 2002 (1): 10-13.

[44] 高立群, 孙慧莉. 对外汉语课堂教学量化工具的设计构想[J]. 世

界汉语教学, 2007 (4): 105-117, 4.

[45] 高炜, 宁琳. 传播行为与规则: 互动中建构传播理性 [J]. 前沿, 2008 (2): 194-197.

[46] 管新平. 行为主义与认知理论语言观及其教学法 [J]. 外语研究, 2005 (4): 41-44, 80.

[47] 韩孝平. 试论对外汉语教学工作的评估 [J]. 语言教学与研究, 1986 (4): 44-61.

[48] 郝琳. 对外汉语教师与汉语学习者交际时语言使用情况考察 [J]. 暨南大学华文学院学报, 2003 (2): 27-34.

[49] 郝双才. 制约我国教育行为的观念因素辨析 [J]. 太原师范学院学报 (社会科学版), 2004 (3): 129-131.

[50] 郝志军, 景彦钧. 新型课堂交流的有效策略 [J]. 普教研究, 1996 (5): 37-38.

[51] 何克抗. 建构主义的教学模式、教学方法与教学设计 [J]. 北京师范大学学报 (社会科学版), 1997 (5): 74-81.

[52] 洪明. 西方教育研究的方法论和转向: 行动研究探略 [J]. 国外社会科学, 1999 (1): 14-19.

[53] 洪忠华. 课堂教学的"六让": 浅谈新课程下教师应持的课堂教学行为 [J]. 福建教育学院学报, 2003 (11): 9-10.

[54] 宋广文, 胡凡刚. 课堂提问的心理学策略 [J]. 上海教育科研, 2000 (1): 52-54.

[55] 胡文仲. 试论外语教学中的跨文化交际研究 [J]. 外语与外语教学, 1993 (1): 2-5, 10.

[56] 黄晓颖. 对外汉语教学的备课艺术 [J]. 汉语学习, 2004 (3): 71-74.

[57] 黄秀兰. 试论课堂心理气氛与教学效果 [J]. 应用心理学, 1986 (2): 18-20, 23.

[58] 汲传波. 论对外汉语教学模式的构建: 由美国明德大学汉语教学谈起 [J]. 汉语学习, 2006 (4): 64-69.

[59] 贾冠杰. 第二语言习得理论之间的矛盾统一性 [J]. 外语与外语教

学，2004（12）：34-36.

[60] 江傲霜. 论对外汉语课堂教学的评价体系［J］. 云南师范大学学报（对外汉语教学与研究版），2006（5）：18-22.

[61] 金传宝. 美国关于教师提问技巧的研究综述［J］. 课程·教材·教法，1997（2）：54-57.

[62] 金宁，顾圣皓. 论海外华文教师的基本素质［J］. 华侨大学学报（哲学社会科学版），2000（3）：54-59.

[63] 金株希. 从一次观摩课谈教师的课堂教学意识和教学行为［D］. 北京：北京语言文化大学硕士学位论文，2000.

[64] 谌启标. 美国有效教学标准框架及其研究［J］. 教学与管理，2003（6）：78-80.

[65] 康红. 论设置课堂提问的"八性"原则［J］. 培训与研究：湖北教育学院学报，2004（4）：103-105.

[66] 亢晓梅. 师生课堂互动行为类型理论比较研究［J］. 比较教育研究，2001（4）：42-46.

[67] 旷娟. 汉语作为二语的课堂教学语言［J］. 四川师范大学学报（社会科学版），2006（1）：106-109.

[68] 李春玉，张旭东. 浅淡课堂教学中的提问设计技巧［J］. 课程·教材·教法，1996（2）：14-15.

[69] 李缅. 教师教学行为的转变：新课改背景下教学改革的关键［J］. 当代教育论坛，2006（4）：89-91.

[70] 李南海. 赋予行动以意义：韦伯与舒茨行动理论的比较研究［J］. 经济与社会发展，2007（3）：168-171.

[71] 佟乐泉. 对外汉语教学中的几个语言学习问题［J］. 语言文字应用，1997（1）：7-11.

[72] 李泉. 对外汉语课堂教学的理论思考［J］. 中国人民大学学报，1996（5）：87-93.

[73] 李松林. 课堂教学行为分析引论［J］. 教育理论与实践，2005（7）：48-51.

[74] 李松林. 论教学研究中的教学行为分析方法［J］. 首都师范大学学

报（社会科学版），2005（1）：109-113.

[75] 李涛. 试论对外汉语教学中的交际文化教学［D］. 成都：四川大学硕士学位论文，2007.

[76] 李友德. 课堂教学中教师非言语行为的正负效应［J］. 湖南商学院学报，1995（4）：60，64.

[77] 栗叶. 对外汉语教学法探索［J］. 今日南国（理论创新版），2009（1）：22-23.

[78] 连榕. 教师培训的核心：教学行为有效性的增强［J］. 教育评论，2000（3）：24-26.

[79] 王景明. 疑问叩开思维门：浅议化学教学中的课堂提问［J］. 潍坊教育学院学报，1997（1）：40-43.

[80] 林静，刘恩山. 教师教学行为研究进展及启示［J］. 中国教师，2009（12）：12-14.

[81] 林正范. 试论教师观察行为［J］. 教育研究，2007（9）：66-70.

[82] 刘家访. 有效课堂管理行为研究［D］. 重庆：西南师范大学博士学位论文，2002.

[83] 刘健，龚少英. 非言语行为与课堂教学［J］. 华中师范大学学报（哲学社会科学版），1994（3）：25-27，34.

[84] ［苏］H.E.舒尔科夫，刘伦振. 教师的课堂行为［J］. 外国教育动态，1983（4）：53-58.

[85] 刘清平. 初级阶段口语教学中的纠错策略［J］. 暨南大学华文学院学报，2001（3）：24-27，35.

[86] 刘晓雨. 提问在对外汉语课堂教学中的运用［J］. 世界汉语教学，2000（1）：70-76.

[87] 刘晓雨. 语言获得与对外汉语课堂教学［J］. 语言文字应用，1999（1）：77-84.

[88] 刘珣. 关于对外汉语教学法的进一步探索［J］. 世界汉语教学，1989（3）：169-175.

[89] 刘珣. 关于汉语教师培训的几个问题［J］. 世界汉语教学，1996（2）：100-105.

[90] 刘珣. 迈向21世纪的汉语作为第二语言教学 [J]. 语言教学与研究, 2000 (1): 55-60.

[91] 刘艳华. 韩礼德的系统功能语言学理论概观 [J]. 辽宁工程技术大学学报 (社会科学版), 2007 (1): 82-84.

[92] 鲁洲. 对外汉语新教师如何适应以美国学生为对象的课堂教学 [J]. 宁波大学学报 (教育科学版), 2004 (6): 106-109.

[93] 陆俭明. 汉语教员应有的意识 [J]. 世界汉语教学, 2005 (1): 60-63.

[94] 罗雅萍. 成功的课堂教学来自于教师的有效教学行为 [J]. 湖州师范学院学报, 2002 (4): 81-83.

[95] 吕必松. 对外汉语教学学科理论建设的现状和面临的问题 [J]. 语言文字应用, 1999 (4): 3-11.

[96] 吕必松. 中国对外汉语教学法的发展 [J]. 世界汉语教学, 1989 (4): 193-202.

[97] 吕婷婷. 任务型教学法任务设计在对外汉语初级口语教学中的运用 [D]. 北京: 北京语言大学硕士学位论文, 2007.

[98] 马欣华. 课堂提问 [J]. 世界汉语教学, 1988 (1): 47-48.

[99] [美] 麦礼谦. 传承中华传统: 在美国大陆和夏威夷的中文学校 [J]. 肖炜蘅, 译. 华侨华人历史研究, 1999 (4): 55-69.

[100] 孟迎芳. 新手—熟手—专家型教师教学策略的比较研究 [D]. 福州: 福建师范大学硕士学位论文, 2002.

[101] 穆凤良. 课堂对话和提问策略 [J]. 教育理论与实践, 2000 (11): 33-36.

[102] 穆永芳, 张旭. 关于教师课堂教学行为的思考 [J]. 大庆高等专科学校学报, 2004 (1): 106-107.

[103] 倪镇令. 课堂状态及其控制和优化 [J]. 江西教育科研, 1995 (3): 42-44.

[104] 牛雅珺. 语文课堂提问艺术的探究 [J]. 山西广播电视大学学报, 2006 (1): 47-48.

[105] 庞丽娟, 叶子. 论教师教育观念与教育行为的关系 [J]. 教育研

究，2000（7）：47-50，70.

[106] 亓华. 中国对外汉语教学界文化研究 20 年述评 [J]. 北京师范大学学报（社会科学版），2003（6）：104-109.

[107] 秦国龙. 对中小学教师教育教学基本能力培训的几点认识 [J]. 普教研究，1996（1）：5-8.

[108] 屈珈璇. 任务型教学理论及其在对外汉语教学中的应用 [D]. 武汉：华中师范大学硕士学位论文，2011.

[109] 屈瑞婷. 对外汉语教学初级阶段的文化教学研究 [D]. 西安：陕西师范大学硕士学位论文，2007.

[110] 曲抒浩，潘泰. 美国"体演文化"教学法简论 [J]. 教育评论，2010（5）：160-62.

[111] 任远. 对外汉语教学法研究的回顾与展望 [J]. 语言教学与研究，1994（2）：90-103.

[112] 阮咏梅. 对外汉语教师的教学机智和课堂教学 [J]. 宁波大学学报（教育科学版），2002（1）：104-105，128.

[113] 芮茵. 扶助式对外汉语教学模式的理论与实践 [D]. 厦门：厦门大学博士学位论文，2008.

[114] 沙麟. 新教师适应期的初步研究 [J]. 上海教育研究，1989（1）：30.

[115] 邵瑞珍.《教育心理学的未来》简述 [J]. 应用心理学，1992（3）：51-56.

[116] 申继亮，李茵. 教师课堂提问行为的心理功能和评价 [J]. 上海教育科研，1998（6）：40-43.

[117] 申继亮，刘加霞. 论教师的教学反思 [J]. 华东师范大学学报（教育科学版），2004（3）：44-49.

[118] 申继亮，王凯荣. 论教师的教学能力 [J]. 北京师范大学学报（人文社会科学版），2000（1）：64-71.

[119] 沈卉卉. 大学生的学习动机及创新意识的培养：奥苏贝尔学习理论的动力机制对教育教学的一点启示 [J]. 经济研究导刊，2010（4）：238-239.

[120] 沈贵鹏. 师生课堂口头言语互动研究 [J]. 教育科学, 1997 (1): 23-25.

[121] 施光亨. 关于对外汉语教学的若干议论和思考 [J]. 汉语学习, 1995 (2): 51-56.

[122] 施家炜. 国内汉语第二语言习得研究二十年 [J]. 语言教学与研究, 2006 (1): 15-26.

[123] 施长君. 教学理论与教师行为 [J]. 哈尔滨学院学报, 2001 (2): 120-123.

[124] 宋广文, 窦春玲. 课堂教学心理气氛及其教育作用 [J]. 教育科学, 1999 (2): 35-37.

[125] 宋梅, 张录侠. 教师非语言交际行为对课堂教学的影响 [J]. 陕西师范大学学报 (哲学社会科学版), 2003 (S2): 63-66.

[126] 宋雪冬. 教学行为研究与教师自我发展 [J]. 外国教育研究, 2002 (1): 26-29.

[127] 宋祖成. 改善教师课堂教学行为的实践研究 [J]. 教师之友, 2005 (5): 73-75.

[128] 孙德坤. 关于开展课堂教学活动研究的一些设想 [J]. 世界汉语教学, 1992 (2): 125-131.

[129] 孙丽华. 如何应用强化理论调动学生的学习动机 [J]. 中学教育, 2003 (6): 6-8.

[130] 孙亚玲. 课堂教学有效性标准研究 [D]. 上海: 华东师范大学博士学位论文, 2004.

[131] 谭惠文. 以教师为主的教学法: 对外汉语教学法应用分析 [J]. 剑南文学 (经典教苑), 2011 (10): 37, 39.

[132] 谭晓云. 从有疑而问到无疑而问: 课堂提问的言语行为分析 [J]. 修辞学习, 2005 (2): 17-19.

[133] 唐芬芬. 教师文化的课堂透视: 对教师口头言语行为的个案研究 [D]. 桂林: 广西师范大学硕士学位论文, 2002.

[134] 陶健敏. "后方法时代" 语言教学观与对外汉语教学法体系构建 [J]. 暨南大学华文学院学报, 2006 (3): 17-23.

[135] 田朝晖. 行为学、行为科学与行为主义辨析 [J]. 湖南大学学报（社会科学版），1999（4）：72-75.

[136] 田慧生. 略论教学环境的系统、要素与结构 [J]. 教育评论，1993（3）：22-25.

[137] 王秉武. 汉语教学法科学基础试探 [J]. 新疆师范大学学报（社会科学版），1984（1）：149-154.

[138] 王家瑾. 从教与学的互动看优化教学的设计与实践 [J]. 教育研究，1997（1）：51-55.

[139] 王嘉毅. 教学研究的本质与特点 [J]. 教育研究，1995（8）：28-33，37.

[140] 王军. 浅谈课堂教学中问题行为的控制 [J]. 安徽工业大学学报（社会科学版），2002（7）：124-125.

[141] 王其华. "教"要有法"学"才有效：教师课堂教学行为有效性的思考和探索 [J]. 中小学教学研究，2006（6）：23.

[142] 王秋雨. 哈佛大学汉语讲练课课堂活动研究 [D]. 北京：北京语言大学硕士学位论文，2007.

[143] 王晓均. 美国中文教学的理论与实践 [J]. 世界汉语教学，2004（1）：100-104.

[144] 王伟杰. 课堂教学中的教师角色行为分析 [J]. 外国中小学教育，2003（9）：35-38.

[145] 王曦. 有效教学与低效教学的课堂行为差异研究 [J]. 教育理论与实践，2000（9）：50-53.

[146] 樊长英. 外语教学中的折中主义 [J]. 外语教学与研究，1999（2）：29-34，80.

[147] 王艳. 对学生和教师关于课堂教学活动看法的调查与分析 [J]. 国外外语教学，2004（3）：37-43.

[148] 王燕. 任务型教学法在初级对外汉语教学中的运用初探 [D]. 北京：北京语言大学硕士学位论文，2005.

[149] 王北生. 关于处理课堂问题行为的研究 [J]. 心理学探新，1989（2）：34-39.

[150] 魏耕耘. 对外汉语课堂教学交际化问题的探讨 [J]. 内蒙古师范大学学报（教育科学版），2005（7）：118-120.

[151] 魏红，申继亮. 高校教师有效教学的特征分析 [J]. 西南师范大学学报（人文社会科学版），2002（3）：33-36.

[152] 魏婷. 教育游戏激励学习动机的因素分析与设计策略 [J]. 现代教育技术，2009（1）：55-58.

[153] 魏永红. 外语任务型教学研究 [D]. 上海：华东师范大学博士学位论文，2003.

[154] 温晓虹. 教学输入与学习者的语言输出 [J]. 世界汉语教学，2007（3）：118-119，3-4.

[155] 翁秀英. 对外汉语教学法的一些思考 [J]. 化工高等教育，2000（3）：66-68，48.

[156] 吴康宁. 课堂教学的社会学研究视角 [J]. 上海教育研究，1998（8）：11-16.

[157] 吴平. 文化模式与对外汉语词语教学 [D]. 北京：中央民族大学博士学位论文，2006.

[158] 吴顺领，史慧颖，张庆林. 对教师课堂提问策略的思考 [J]. 基础教育研究，2006（2）：21-23.

[159] 吴文胜，盛群力. 论有效教学策略的设计 [J]. 杭州师范学院学报（人文社会科学版），2002（1）：109-112.

[160] 吴锡改. 论课堂心理气氛的优化与调控 [J]. 中小学管理，1996（10）：26-27.

[161] 吴永军. 课堂教学中文化冲突的社会学分析 [J]. 现代教育论丛，1997（6）：13-16.

[162] 吴永军. 再论课堂气氛的分类及对教学的影响 [J]. 心理学探新，1991（4）：24-27.

[163] 吴勇毅，徐子亮. 近年来我国对外汉语教学法研究述评 [J]. 世界汉语教学，1987（1）：31-34.

[164] 吴玉琦，俞吉祥，龙锦华. 对小班制条件下教师课堂教学行为的思考 [J]. 北京教育，2002（12）：8-9.

[165] 吴长刚，聂立川. 论课堂教学活动中的有效教师行为 [J]. 河北师范大学学报（教育科学版），2008（8）：57-60，76.

[166] 席春玲. 美国中文学校发展述评 [J]. 比较教育研究，2004（10）：87-90.

[167] 肖刚. 教学策略的内涵及结构分析 [J]. 高等师范教育研究，2000（5）：48-52.

[168] 肖刚. 有效性教学理论之研究 [D]. 上海：华东师范大学硕士学位论文，2001.

[169] 肖莉萍. 国内外教师专业发展研究述评 [J]. 中国教育学刊，2002（5）：4.

[170] 肖炜衡. 当代美国华文教育浅析 [J]. 八桂侨史，1999（3）：35-41.

[171] 肖羊忠. 对外汉语教师知识结构的合理化浅谈 [J]. 教育评论，1997（2）：3.

[172] 肖贻杰. 大学教师有效教学研究 [D]. 长沙：湖南大学硕士学位论文，2003.

[173] 辛涛，林崇德. 教师心理研究的回顾与前瞻 [J]. 心理发展与教育，1996（4）：7.

[174] 辛涛. 教师反思研究述评 [J]. 清华大学教育研究，1998（3）：4.

[175] 辛雪艳. 大学教师批评言语行为策略的调查研究 [J]. 成都大学学报（教育科学版），2008（7）：31-34.

[176] 熊伟. 课堂合作性教学及教师教学行为的变化 [J]. 成都教育学院学报，2003（3）：39-59.

[177] 徐明. 对对外汉语教学法的特点探讨及探索意义 [J]. 现代交际，2010（2）：32，31.

[178] 徐世贵. 课堂气氛初探 [J]. 课程. 教材. 教法，1989（4）：33-36.

[179] 徐子亮. 外国学生汉语学习策略的认知心理分析 [J]. 世界汉语教学，1999（4）：75-85.

[180] 徐飞. 国内外课堂互动研究状况述评 [J]. 国外外语教学，

2005（2）：55-63.

[181] 许杨. 关于美国大学生在汉语课堂上的会话研究 [D]. 北京：北京语言大学硕士学位论文，2006.

[182] 阎德早，佟慧君. 对外汉语教学中的板书艺术 [J]. 语言教学与研究，1986（2）：144-153.

[183] 杨海燕. 课堂教学情景中教师言语评价行为的研究 [D]. 上海：华东师范大学硕士学位论文，2003.

[184] 杨惠元. 课堂教学评估的作用、原则和方法 [J]. 汉语学习，2004（5）：56-63.

[185] 杨惠元. 试论课堂教学研究 [J]. 语言教学与研究，2004（3）：37-42.

[186] 杨丽，张泽科. 案例分析：课堂教学行为优化的促进路线 [J]. 教师之友，2005（5）：70-73.

[187] 杨丽姣. 对外汉语教学法研究再探讨 [J]. 云南师范大学学报（哲学社会科学版），2002（6）：124-128.

[188] 杨敏. 外语课堂研究 [J]. 外语教学，2001（6）：74-78.

[189] 姚利民. 大学有效教学特征之研究 [J]. 现代大学教育，2001（4）：42-44.

[190] 姚利民. 高校教师课堂教学方法的调查研究 [J]. 有色金属高教研究，1999（5）：90-93.

[191] 姚利民. 国外有效教学研究述评 [J]. 外国中小学教育，2005（8）：23-27.

[192] 姚利民. 略论大学教师的有效教学 [J]. 黑龙江高教研究，2002（4）：101-103.

[193] 姚利民. 中外教育家有效教学思想初探 [J]. 湖南大学学报（社会科学版），2005（3）：107-110.

[194] 姚利民. 有效教学研究 [D]. 上海：华东师范大学博士学位论文，2004.

[195] 叶澜. 让课堂焕发出生命活力：论中小学教学改革的深化 [J]. 教育研究，1997（9）：3-8.

[196] 叶澜. 思维在断裂处穿行：教育理论与教育实践关系的再寻找 [J]. 中国教育学刊, 2001 (4): 1-6.

[197] 叶祥桂. 任务型对外汉语初级口语教学研究 [D]. 成都：四川师范大学硕士学位论文, 2008.

[198] 叶子, 庞丽娟. 师生互动的本质与特征 [J]. 教育研究, 2001 (4): 30-34.

[199] 印京华. 探寻美国汉语教学的新路：分进合击 [J]. 世界汉语教学, 2006 (1): 116-121, 4.

[200] 于海波, 马云鹏. 论教学反思的内涵、向度和策略 [J]. 教育研究与实验, 2006 (6): 12-16.

[201] 于龙, 于全娟. 课堂提问在第二语言习得中的作用 [J]. 山东外语教学, 2005 (4): 76-79.

[202] 俞国良, 罗晓路. 教师教学效能感及其相关因素研究 [J]. 北京师范大学学报（人文社会科学版）, 2000 (1): 72-79.

[203] 俞国良. 专家-新手型教师教学效能感和教学行为的研究 [J]. 心理学探新, 1999 (2): 32-39.

[204] 袁方. 英语教学中的提问模式探讨 [J]. 现代中小学教育, 2003 (10): 39-40.

[205] 袁海萍. 注意理论在对外汉语课堂教学中的应用研究 [D]. 上海：华东师范大学硕士学位论文, 2008.

[206] 张斌. 论合作学习及其对学生行为和态度的影响 [J]. 教育理论与实践, 1999 (9): 41-44.

[207] 张楚廷. 教学方法与教育观念 [J]. 课程·教材·教法, 2005 (7): 28-29.

[208] 张国伟. 论课堂观察 [J]. 教育探索, 2005 (2): 69-70.

[209] 张和生. 对外汉语教师素质与培训研究的回顾与展望 [J]. 北京师范大学学报（社会科学版）, 2006 (3): 108-113.

[210] 张虹. 提高课堂评价语言有效性的研究 [D]. 上海：华东师范大学硕士学位论文, 2006.

[211] 张红蕴. 从隐性课程的视角看师生关系及对留学生汉语学习的影

响 [D]. 北京：北京语言大学硕士学位论文，2007.

[212] 袁崇光. 创建良好的课堂心理气氛 努力提高教学质量 [J]. 石油教育，2004 (3)：91-93.

[213] 张建琼. 国内外课堂教学行为研究之比较 [J]. 外国教育研究，2005 (3)：40-43.

[214] 张建琼. 课堂教学行为优化研究 [D]. 兰州：西北师范大学博士学位论文，2005.

[215] 张建伟. 反思：改进教师教学行为的新思路 [J]. 北京师范大学学报（社会科学版），1997 (4)：56-62.

[216] 傅传凤. 对外汉语课堂教学语言的特点和功能类型 [J]. 四川教育学院学报，2011 (2)：81-85.

[217] 张林军. 师生互动与学习者语言交际能力的发展 [D]. 北京：北京语言文化大学硕士学位论文，2002.

[218] 张璐. 再议有效教学 [J]. 教育理论与实践，2002 (3)：48-50.

[219] 张其志. 多元智能评估的主要观点及操作要领 [J]. 课程·教材·教法，2005 (2)：90-96.

[220] 张仁林，朱巧华. 课堂教学中教师的非言语行为美 [J]. 教学与管理，2002 (32)：69.

[221] 张文霞. 试论行为主义学习理论与建构主义学习理论对外语教学的影响 [J]. 外语教学，2005 (3)：69-71.

[222] 张喜荣，田德新. 美国明德学院的中文教学 [J]. 世界汉语教学，2004 (1)：108-110.

[223] 张引. 西方课堂行为研究述评 [J]. 外国中小学教育，1988 (3)：16-19，29.

[224] 张占一. 汉语个别教学及其教材 [J]. 语言教学与研究，1984 (3)：57-67.

[225] 章云珠. 教师教学行为的优化策略 [J]. 教育评论，2004 (4)：48-50.

[226] 赵娇. 对外汉语教师的语言修养与语言教学策略 [J]. 文教资料，2006 (27)：132-133.

［227］赵金铭. 对外汉语教学法回视与再认识［J］. 世界汉语教学，2010（2）：243-254.

［228］赵金铭. 对外汉语语法教学的三个阶段及其教学主旨［J］. 世界汉语教学，1996（3）：76-86.

［229］周发增. 教室管理研究：学科教育学研究的重要课题［J］. 北京师范学院学报（社会科学版），1991（1）：103-107.

［230］周俊英，周江源. 课堂教学中师生非言语行为互动的同步性分析［J］. 北京工业大学学报（社会科学版），2006（4）：89-92.

［231］周林. "体演文化"教学法在旅游英语教学中的应用［J］. 海外英语，2011（7）：94-95.

［232］周明朗，符平. 教师在语言课堂中的作用［J］. 世界汉语教学，1998（1）：79-88.

［233］周鹏生. 课堂教学中防御性非言语行为的运用［J］. 培训与研究（湖北教育学院学报），2004（3）：71-73.

［234］周士平，张林军. 国外外语课堂教学研究对开展对外汉语课堂教学研究的启示［J］. 暨南大学华文学院学报，2006（2）：24-31.

［235］周星，周韵. 大学英语课堂教师话语的调查与分析［J］. 外语教学与研究，2002（1）：59-68.

［236］周业虎. 试论教师的课堂问题行为［J］. 江苏教育研究，1998（2）：54-55.

［237］李丹丽. 二语课堂互动话语中教师"支架"的构建［J］. 外语教学与研究，2012（4）：572-584.

［238］Ainscow, Mel, Hargreaves, David H., Hopkins, David. Mapping the process of change in schools: The development of six new research techniques［J］. *Evaluation and Research in Education*，1995，9（2）：75-90.

［239］Razfar, Aria. Language ideologies in practice: Repair and classroom discourse［J］. *Linguistics and Education*，2005，16（4）：404-424.

［240］Asher, James J. The learning strategy of the total physical response: A review [J]. *Modern Language Journal*, 1966, 50 (2): 79-84.

[241] Barber, Michael, Sebba, Judy. Reflection on progress towards a world class education system [J]. *Cambridge Journal of Education*, 1999, 29 (2): 183-193.

[242] Barrow, Robin. Empirical research into teaching: the conceptual factors [J]. *Educational Research*, 1986, 28 (3): 220-230.

[243] Beresford, John. Matching teaching to learning [J]. *The Curriculum Journal*, 1999, 10 (3): 321-344.

[244] Bolster, Arthur S. Toward a more effective model of research on teaching [J]. *Harvard Educational Review*, 1983, 53 (3): 294-308.

[245] Carrell, Patricia L. Schema theory and ESL reading: Classroom implications and applications [J]. *Modern Language Journal*, 1984, 68 (4), 332-343.

[246] Chaudron, Craig. Progress in language classroom research evidence from the modern language [J]. *Modern Language Journal*, 2001, 85 (1): 57-76.

[247] Allwright, Dick. Classroom-centered research on language teaching and learning: A brief historical overview [J]. *TESOL Quarterly*, 1983, 17 (2): 191-204.

[248] Duff, Patricia A. An ethnography of communication in immersion classroom in Hungary [J]. *TESOL Quarterly*, 1995, 29 (3): 505-537.

[249] Evertson, Carolyn M., Harris, Alene H. What we know about managing classrooms [J]. *Educational Leadership*, 1992, 49 (4): 74-78.

[250] Firth, Alan, Wagner, Johannes. On discourse, communication, and (some) fundamental concepts in SLA research [J]. *The Modern Language Journal*, 1997 (81): 285-300.

[251] Gaies, Stephen J. The investigation of language classroom processes [J]. *TESOL Quarterly*, 1983, 17 (2): 205-217.

[252] Heylighen, F. Selfish memes and the evolution of cooperation [J]. *A Journal of Ideas*, 1992 (4): 77-84.

[253] Hopkins, D. Doing research in your own classroom [J]. *The Phi Delta Kappan*, 1982, 64 (4): 274-275.

[254] Hopkins, D., Beresford, John, West, Mel. Creating the conditions for classroom and teacher development [J]. *Teachers and Teaching: Theory and Practice*, 1998, 4 (1): 115-141.

[255] Hornby, A.S. The situational approach in language teaching [J]. *ELT Journal*, 1950, 4 (4): 98-103.

[256] Rippon, Janice H., Martin, Margaret. What makes a good induction supporter [J]. *Teaching and Teacher Education*, 2006, 22 (1): 84-99.

[257] Lantolf, James P., Beckett, T.G. Sociocultural theory and second language acquisition [J]. *Language Teaching*, 2009, 42 (4): 459-475.

[258] Long, Michael H. Native speaker/non-native speaker conversation and the negotiation of comprehensible input [J]. *Applied Linguistics*, 1983, 4 (2): 126-141.

[259] Long, Michael H. Inside the "black box": Methodological issues in classroom research on language learning [J]. *Language Learning*, 1980, 30 (1): 1-42.

[260] Pica, Teresa. Second-language acquisition, social interaction, and the classroom [J]. *Applied Linguistics*, 1987, 8 (1): 3-21.

[261] Pica, Teresa, Young, Richard, Doughty, Catherine. The impact of interaction on comprehension [J]. *TESOL Quarterly*, 1987, 21 (4): 737-758.

[262] Pica, Teresa. Questions from the language classroom: Research perspectives [J]. *TESOL Quarterly*. 1994, 28 (1): 49-79.

[263] Smith, Michael Sharwood. Comprehension versus acquisition: Two ways of processing input [J]. *Applied Linguistics*, 1986, 7 (3): 239-256.

[264] Kim, Sun Hee Ok, Elder, Catherine. Language choices and pedagogic functions in the foreign language classroom: A cross-linguistic functional analysis of teacher talk [J]. *Language Teaching Research*, 2005, 9 (4): 355-380.

[265] Terrell, Tracy D. A natural approach to second language acquisition and learning [J]. *The Modern Language Journal*, 1977, 61 (7): 325-337.

后 记

本书是在我的博士毕业论文的基础之上修订完成的。时至今日,我还能不断地回想起读博那段忙碌而焦灼的日子:我一边被困于日复一日的博士论文写作之中,一边见缝插针地阅读加拿大作家露西·莫德·蒙格玛利的作品《绿山墙的安妮》。书中有一句话,至今仍令我印象深刻。露西·莫德·蒙格玛利说:"任何世间所取,必付出代价,雄心虽值得拥有,却非廉价之物。"回首看看投入学术研究的这些年,我对这句话的意蕴倍感认同。

在北京师范大学读博的3年,弹指一挥间。但给我的人生带来了许多巨大的转折。第一次,近距离地聆听和感受无数大家的真知灼见;第一次,走出国门,独自学习第二语言教学法;第一次,找到未来可行的研究方向与目标,并努力完成博士毕业论文;第一次,从心到身成长起来,学会从容地啖下学术孤寂之苦,安之若素,甘之如饴。

博士毕业之后,我来到苏州大学文学院工作,开始从事应用语言学的博士后学术研究。生活与工作的重担一次次压弯我的脊背,可是我一点点地承受住它们,变得更加坚韧、刚强。我想也许支撑自己变得勇敢的力量,就是来自学术探究中的那份渴望与坚持。正是有了它们,我没有在喧嚣的尘世中迷失,而是潜下心来,埋首于一个又一个的选题钻研之中。

诚然,雄心的确值得拥有,可它真的不是廉价之物。它需要你付出痛苦与代价,与之带给你的快乐与富足一样多,甚至更多。你会经历无数次的无从下手、理解失误、写作瓶颈、方向迷茫……但是,如果这些苦楚都没有打倒你,这些困难都没有吓退你,你就会置之死地而后生,就会渐渐地从绝境中走出来。疾风知劲草。绝处之花,尤为珍贵。它会照亮你的心灵与思想，令你在日复一日的苦读钻研中，度年如日，泰然笃定。无人之境，亦会变得充盈丰饶。

当然，仅靠一个人的努力与修行仍然不够，还需要引路人的指导、亲人们的鼓励及同伴们的支持。

我仍记得我的博士导师朱瑞平教授的深切厚望与张和生教授的谆谆教导。两位导师循循善诱、以身作则，小到生活琐事，大到学术风范，无不为我树立了敬仰的标杆。如果没有两位导师的帮助与引荐，这本书是不可能完成的。北京师范大学的校训是"学为人师，行为世范"，我想两位恩师的点滴教诲，都是校训于我最好的注解。

除了恩师之外，北京师范大学的陈绂教授、马燕华教授及美国俄亥俄州立大学的吴伟克教授，也为本书的研究点亮了一盏又一盏温暖的灯火。陈绂教授严谨的治学态度与醇厚的学术功底，让我高山仰止、心向往之。马燕华教授春风化雨式的教学方式，令我醍醐灌顶、深深折服。吴伟克教授科学的教学理念，为我打开了一扇新的学术之窗，最终牵引本书走到了修订完成的今天。

身为一个笨拙而彷徨的科研工作者，我曾无数次在前行的路途中遭遇困惑、挫折、无奈，甚至绝望。但是幸而有缘认识如此多的大家。他们高洁泰然的学术观、人生观，像一缕微光，让我的研究之路变得明亮清晰。他们让我明白，学术之路是条漫长而孤寂的路，你只有接受它、拥抱它，才可能享受它、燃烧它。

当然，在这样只身前往的寂然背后，是亲人们理解的双眼与鼓舞的双手。那些辗转担忧的夜晚，那些焦虑期盼的清晨，变成了父母额头深深浅浅的皱纹和头顶斑斑驳驳的发色。它们如此简单自然，却又如此触目惊心。我的学术之路走了多远，全都记录在了这皱纹与发色之间。它们让我明白：最深的爱，是不求回报的包容与承受；再远的路，是守在终点等候的至亲家人。

还有与我一起投身科研工作的同行们，无论是身在国内还是海外，他们都是夏夜里的点点荧光，给予我惺惺相惜的慰藉，给予我携手奋战的信心。因为有他们与我一同前赴后继，行走便不再那么冰冷。即使只是遥望感应，也让这条清苦之路变得温暖和煦。

这本书，在我的人生旅途中，只能算是短暂的一小段。可是，短的是时间，长的是信念。从写作完成初稿到最终修订成书，它从一根细嫩的枝丫逐渐成长为一棵独立的大树。尼日利亚小说家本·奥克里曾说："我们最可依靠之事，即我们拥有去创造、去征服、去忍受、去改变、去爱的能力，这就是我们战胜痛楚与苦难的源泉与力量。"我想这就是学术研究的力量、追求理想的力量、向往光明的力量！

姜　晓
2019 年初秋于苏州